1 MONTH OF
FREE
READING

at
www.ForgottenBooks.com

By purchasing this book you are eligible for one month membership to ForgottenBooks.com, giving you unlimited access to our entire collection of over 1,000,000 titles via our web site and mobile apps.

To claim your free month visit:
www.forgottenbooks.com/free963884

ISBN 978-0-260-67969-7
PIBN 10963884

CONDE DE VALENÇAS

DISCURSOS

POLITICOS E LITTERARIOS

1889

TYPOGRAPHIA FRANCO-PORTUGUEZA

6, Rua do Thesouro Velho, 6

LISBOA

 JOSÉ LEITE RIBEIRO FREIRE

Tio e Amigo:

 Trez homens tinham direito á dedicatoria d'este livro; dois são mortos. É vivo o ultimo para os meus respeitos e affectos. E então, aqui lhe trago estas paginas, faladas, vividas, em epochas que os annos separam e approximam.

 Os que já não ouvem o meu appello, chamaram-se o Viscoide de Monte São e o Dr. Antonio Jardim. Guardo seus nomes no sacrario das minhas saudades; e com o de José Leite Ribeiro Freire n'estes discursos que elles ouviram, e por vezes, com lenidade grande, disculparam.

Assigno-me respeitoso

Conde de Valenças.

Discurso proferido na « Associação dos Artistas de Coimbra » — Sarau de 29 d'outubro de 1866.

ESTUDANTES E OPERARIOS — A POLITICA DO FUTURO

enhores : — N'este honroso logar, em frente de assembleia tão numerosa, antecedeu-me um illustre poeta [1]; illustre da qualidade de seus versos, mais talvez pelas ideias generosas de uma viva intelligencia.

É obreiro do futuro, da politica da fraternidade humana, de que me obrigo fallar-vos; antes, porém, deixae que eu exulte pela affluencia de poetas, estudantes e professores, que todos vieram a engrandecer este acontecimento, augmentando-lhe o esplendor nativo com as irradiações da palavra.

Sempre assim o foi.

— Guimarães Fonseca, moço de sobrenatural engenho, e de quem a morte precoce é, ao presente, saudade cruciantissima para o auctor d'este livro.

Cantos e versos são de todos os grandes commettimentos dos povos.

Quando Saúl andava triste e inquieto pelos casos do seu reinado, dizia a David: — dedilha-me a harpa de Sião. [1]

E as doces harmonias da harpa faziam esquecer ao attribulado rei os cuidados do seu reino.

Folgo de ver á musica do trabalho os poetas consagrando a lyra harmoniosa.

Quando a patria geme oppressa, e um povo verga na servidão, as harpas suspendem-se nos salgueiros dos rios, e os captivos choram como nas margens de Babylonia.

Aqui resôam hymnos que ouço de toda a parte, e a dizerem-me ser a festa celebrada hoje uma nota altisonante das alegrias de um povo.

Tal aconteceu, quando *João Zisca do calice, o terrivel cego,* educava os bohemios, pela via dolorosa dos combates, na lei da egualdade fraterna. Foi assim tambem ao começar a revolução franceza, quando no immenso convivio do jubilo unanime, um povo, em alvoroços de liberdade, veiu depôr as corôas civicas no altar da patria.

Dos recantos da provincia a nação em peso enviou a Paris a sua mocidade enthusiasta e forte; e choreias de formosas raparigas que espalhavam flores no tremedal de sangue, onde o velho passado ia agonisando.

Senhores: é isto.

Ás renhidas luctas pela causa de um povo succedem

---

[1] «Eu sou Saul, dizia Goethe a Félix Mendelssohn, que apenas tinha 11 annos, e tu és David; vem, quando estou triste e desanimado, e socega o meu espirito com as tuas harmonias.»

Fanny Mendelssohn, d'áprès les Mémoires de son fils. par E. Sergy, pag. 67.

as grandes festas que veem a ser os cantos triumphaes da intelligencia e do trabalho victorioso.

Á revolução politica de Portugal succedeu egualmente uma outra, e das mais gloriosas, que foi uma revolução litteraria.

Quando a espada de nossos paes pendia em descanço, a juventude, sorriso do porvir, veiu ainda nos annos em flor pensar, discorrer e cantar, como no seculo de Augusto.

D'ahi é que surgem os monumentos litterarios, assignalando a epoca mais brilhante da poesia e da litteratura portugueza ; — eterna gloria de Herculano e Garrett !

Assim devia ser; á lucta o repouso; depois da guerra a paz; e com ella as industrias, as sciencias e as lettras em todo o esplendor da sua vida.

Das artes, mais de todas, a esculptura acompanha sempre o carro triumphante dos seculos.

Encontro-a na India copiando a natureza grandiosa, divinisando a força, e deixando-nos sem definição a *sphinge* á entrada do deserto.

Era o emblema de uma civilisação de gigantes que se julgavam deuses.

Encontro-a depois na Grecia reflectindo a suavidade do mar da Ionia, erguendo á luz de um céo radiante e puro templos harmoniosos e serenos com todos os esplendores do marmore, e todas as melodias da forma humana.

Depara-se-me na idade-média, consubstanciando a alma christã nas sombrias cathedraes que terminavam em flechas arrojadas para o céo, e como que supplices instigando os crentes á oração.

Vejo-o por ultimo a modelar em bronze a figura dos

heroes; e aqui a trazer-nos á lembrança as glorias portuguezas, glorias d'esta nossa terra em que são venerados
os nomes de Sá de Miranda e José Mauricio. [1]

Ladeando-a de varões tão celebrados, um artista nosso
e de talento foi quem levantou uma estatua de rei.

Senhores: — Fallei dos poetas da palavra e do cinzel;
agora vou fallar dos poetas da sciencia, dos alumnos das
escholas que foram os primeiros a concorrer para a emancipação do povo.

No seculo XII, epoca memoranda onde os burguezes se
ergueram em communa, os estudantes, inimigos natos da
escravidão, uniram-se egualmente em magnas confede-
rações, e as universidades, em que o principio electivo era
constantemente invocado.

As primeiras da Europa foram: Paris, Oxford e Colonia.

Aquella possuia então grande poder moral.

Occupando um terço da cidade; composta de dou-
tores, licenciados, bachareis e estudantes, de quatro faculdades e de quatro nações, que tinham procuradores e
eleitores seus; tendo além d'isso innumero pessoal em sua
dependencia, isto é: bedeis, archeiros, maceiros, livreiros,
copistas, xilographos, vendedores de pergaminho, e outros;
umas 30 ou 40 mil pessoas com jurisdição propria, chefes,
grandes reuniões tumultuosas, debates publicos perpe-
tuamente renovados n'uma tempestade de escolas diversas;
auxiliada tambem pelos commerciantes e operarios de

---

[1] Estes dois homens illustres eram filhos de Coimbra. O primeiro alli nasceu
a 27 de outubro de 1495; o segundo a 19 de março de 1752. Nem o poeta nem o
insigne compositor, jazem n'aquella cidade. Francisco Sá de Miranda, o *Seneca
portuguez*, morreu na quinta da Tapada, em Ponte de Lima, a 15 de março de
1558; José Mauricio, na Figueira da Foz, a 12 de setembro de 1815.

Paris; — a universidade constituia poderosa republica litteraria, permanente concilio ecumenico onde os problemas da sciencia, as questões politicas e sociaes, — tudo o que agitava o pensamento da Europa, era trazido á tela da discussão, e ouvido da *gente do commum*, que de tal sorte se foi esclarecendo para comprehender a soberania que mais tarde havia de exercer.

A confraternidade do estudante e do operario vem d'essa época, começo da transformação politica da Europa.

Victor Hugo no seu livro *Notre Dame de Paris*, cujo drama actualisa em 1482, ahi põe os estudantes no convivio do povo; e do alto dos frizos e laçarias das columnatas delgadas da velha sala da Justiça, atirando gracejos aos bons dos burguezes da cidade, que tanto os faziam rir e enrubescer.

Esta reciproca familiaridade, mantida na tradicção e nos costumes, manda-me aqui, estudante de agora, saudar-vos por mais uma conquista no campo da perfectibilidade social.

Já nos vimos em França na revolução de 30, e na de 48; encontrámo-nos no Congresso de Liége; na Italia ao lado de Garibaldi; em Portugal ao lado do 5 de caçadores; [1] e hoje, reinando a paz, aqui nos congratulamos juntos,

---

[1] Os estudantes de Coimbra combateram ao lado do 5 de caçadores em Setubal, na memoravel acção do Alto do Viso, a 1 de maio de 1847. Constituiam a vanguarda das operações, formando linha de atiradoıes, muitos academicos, entre os quaes militava o dr. Antonio dos Santos Pereira Jardim, tio paterno do auctor d'este lıvro.

Eis os seus nomes:

Agostinho Leite de Bettencouıt, Antonio Alves de Macedo, Antonio da Costa Sousa de Macedo (D.), Antonio José de Barros e Sá, Antonio Maria de Lemos, Antonio dos Santos Pereira Jardim, Augusto José Gonçalves Lima, Augusto Zeferino Rodrigues, Ayıes de Araujo Pitta Negrão, Candido Cau da Costa, Caetano

porque os labores da intelligencia e os do braço não são mais do que diversas formas do trabalho prestante, nem podem constituir differença, quanto mais antagonismo, entre os lidadores do aperfeiçoamento material e moral.

Assim como o espirito e o corpo constituem um ser unico e indiviso, assim a intelligencia que inventa, e o braço que executa são forças de egual merecimento e dignidade.

O illustre Michelet tal o affirmou, ao dizer n'um dos seus esplendidos livros que para elle ·eram de valores eguaes: o pintor que executava uma tela primorosa, ou o alfaiate ajustando-lhe um casaco em perfeição; o poeta a deleital-o na musica da palavra, ou o sabio que lhe ensinava a distinguir a verdade e o erro. Todos eram operarios do bem, e conjuravam simultaneos em conseguir a perfectibilidade humana.

Agora, a quem me interrogar, porque fallei de poetas, artistas e sabios, posso dizer: — é que attentam na politica do futuro.

Duas vemos n'este seculo: uma avançando em com-

Xavier Moniz Barreto, Carlos Honorio Borralho, Domingos Antonio Ferreira, Eugenio da Costa e Almeida, Francisco Pimentel de Macedo, Frederico Augusto Jansen Verdades, Guilherme de Sant'Anna e Miranda, João Antonio de Macedo Torres, João Antonio dos Santos e Silva, João Pereira Ramos Brum do Canto, João Ribeiro Barreiro, Joaquim Guilherme de Seixas, Joaquim de Pinho e Sousa, José Antonio Carlos Madeira Torres, José de Gouveia e Sousa, José Maria Tavares Ferreira (alferes), Manuel Fialho d'Abreu (tenente), Manuel Gomes Pinto, Manuel Ignacio Brum do Canto, Pedro Joyce, e Raymundo Cesar Borges.

Eram trinta e um os voluntarios academicos, commandados pelo talentoso e bravo Fernando Luiz Mousinho d'Albuquerque, tendo á sua esquerda, e na mesma linha de combate, uma força de caçadores 5, sob o commando do valente Gonçalo de Sousa Lobo, empenhando-se todos, como um só homem, em fogo vivissimo, e u'uma avançada ardente e impetuosa. Deixaram no campo alguns mortos e feridos, sendo um d'estes Mousinho d'Albuquerque. Acossados do inimigo, e mormente pela

12

panhia de triumphos, de louros e festas, espalhando fulgores, realisando progressos, emancipando os homens e
aperfeiçoando as leis; a outra a reflectir no passado, a
lamentar as conquistas do pensamento livre, a estorcer-se
abraçada a um cadaver, a conversar e a discutir com a morte.

Com esta não vou eu.

Sou partidario da politica que alarga a area da felicidade humana; a que pede firmeza de vontade para vencer
difficuldades e affrontar revezes; a que põe no homem a
confiança no que póde a sua propria individualidade; e a
que abre a todos, amplamente, desassombradamente, as
carreiras da vida.

Curvo-me ao genio moderno, *alma genetrix* das novas
ideias.

Estas abraçam todas as aspirações. São as minhas, as
vossas; teem de cumprir-se na sua plenitude, e já em
grande parte realisaram espinhosa e sublime tarefa.

Se têm combatido preconceitos e prejuizos, egualmente
glorificaram já muito de martyres e vencedores, espan-
cando as trevas, dissipando erros seculares, rompendo

---

guaida municipal de Lisboa, alli ficariam todos, se não se acolhessem ao castello de S. Filippe, cuja artilheria salvou os que haviam escapado da lucta.

O tenente Manuel Fialho de Abreu, e José Antonio Cailos Madeira Torres mor-
reram no campo; Ayres de Araujo Pinto Negrão no hospital; e Domingos Antonio
Ferreira depois de prisioneiro.

Foram feridos: Antonio Alves de Macedo, 1.º sargento, José Gouveia e Sousa,
que ainda depois continuou a bater-se corajosamente, Manuel Ignacio Brum do
Canto, e Joaquim de Pinho e Sousa.

São hoje fallecidos: Antonio Maria de Lemos, Antonio dos Santos Pereira
Jardim, Augusto José Gonçalves Lima, Caetano Xavier Moniz Barreto, Candido
Cau da Costa, Francisco Pimentel de Macedo, Frederico Jansen Veidades, João
Antonio dos Santos e Silva, João Pereira Ramos Brum do Canto, João Ribeiro
Barreiro e Pedro Joyce.

Os que ora são vivos desempenham os mais honrosos cargos da nação.

grilhões de escravos, levantando os humildes; dando golpes sem treguas pelo direito e pela eterna justiça.

A primeiro, affigurava-se que um tão vasto dominio de ideias não podia ser conquistado n'uma só epoca da humanidade.

Mas um seculo, que na infancia viu junto do berço a encyclopedia e uma revolução, nasceu assignalado ás maiores emprezas.

Concorreu bem para este rapido progredimento a instrucção quasi desmazellada nos tempos absolutos. Floresciam n'elles a philosophia, a sciencia, as lettras e as artes; mas, em monopolio de alguns privilegiados do nascimento, ou do genio, os quaes em geral apenas serviam para abrilhantar as côrtes dos reis e para dar ainda mais força aos que julgavam o mundo um patrimonio seu.

E esse mundo era ennoitecido como um quadro de Alberto Durer; o povo cantava para esquecer, qual os gladiadores romanos, prefaciando a morte na saudação aos Cesares: — *morituri te salutant!*

Era um canto de agonia revezado de sangue e lagrimas!

O povo d'este seculo não carece de entoar os hymnos funereos da morte; tem de ir para a vida e para a luz, instruindo-se e morigerando-se no trabalho honesto e livre.

As leis, politicas e moraes, das sociedades modernas derrocaram para sempre esse mysticismo escuro da edade media, em que a penitencia e o soffrimento eram tidos na conta de virtude capital do homem.

Carlos V, um heroe, que encheu o mundo de prestigio do seu poder, elle que sonhára a unidade dos povos, apesar de energico em sua vontade, e ainda muito áquem do termo de uma carreira de triumphos, sente-se dominado por essa mysteriosa doença dos espiritos, e bate ás portas do convento para morrer nos desenganos da clausura!

14

Coisa sublime no lado poetico, triste aos olhos do philosopho e do pensador!

A humanidade hoje, robusta e válida, em vez de procurar o claustro, isto é o esquecimento e a morte, demanda as portas abertas d'aquelle templo immortal, vasto pantheon onde se lê a historia do passado, e se escreve a do futuro na eschola, na officina e na fabrica!

Já lá vão os poetas cesareos acercando de grinaldas de versos a fronte dos Mecenas e dos Augustos; temos, porém, outra mais vasta epopeia escripta nos fastos d'este seculo, e gravada na bronzea columna da estatua da liberdade.

Em toda a parte a associação vemol-a realisando, dia a dia, assignalados serviços em prol das classes do trabalho. A França e a Inglaterra já fundaram os bancos de credito popular; a Escocia tambem de ha muito empresta ao artifice, sem garantia real, o peculio de que précisa para se estabelecer; em Mulhouse [1] foi a associação que edificou uma cidade de operarios, e aos proprios a vendeu mediante prestações estipuladas.

Vê-se, pois, que o homem, vivendo unicamente do seu trabalho manual, vae conquistando em todas as nações os commodos e a dignidade civica; todavia é preciso dizel-o e repetil-o: — a revolução, dando ao povo os seus direitos, não lhe póde dar o complemento d'elles que é uma propriedade relativa sem a instrucção, pelo menos a elementar e a profissional.

A associação realisa essas duas impreteriveis necessidades; e por isso nós todos a glorificamos em suas festas solemnes a que preside a união e a justiça..

---

[1] Depois da guerra franco-prussiana ficou pertencendo á Allemanha.

Discurso proferido na Associação dos Artistas de Coimbra, na solemnidade commemorativa do anniversario natalicio de Joaquim Martins de Carvalho. — 19 de novembro de 1888.

(20 ANNOS DEPOIS)

cnbores : — Faz vinte e dois annos, e não se me apagaram da lembrança os versos aqui recitados, entre grinaldas de flores; n'esta sala immensa, onde tantas vezes concutiu a palavra dos moços, não raro a dos mestres, e onde agora, no banco das escholas, se escuta a infancia a syllabar.

Grande é d'aqui soltar a voz, que se impõe dictame ao coração o sentir de affectos, a despertarem-se n'estes festivos annuarios. Os mesmos são que hontem aqui punham as capellas viridentes; os mesmos que ainda agora dão á minha voz egual sentimento.

Eis porque volto.

Se consultára os annos e o esmaiar da intelligencia, que já não tem os vividos fulgores de outr'ora, eu não voltaria. Porém, ao convite do vosso digno presidente respondem minhas lembranças e affectos: — lembranças e affectos de Coimbra, em que se revivem os saraus d'esta associação e as escholas da Universidade, onde me vi honrado como seu discipulo e seu professor. Razão porque ao appêllo de vosso digno presidente accedi com jubilo, e sem consulta ás minhas forças.

Foram saudades; foram lembranças; desculpae-me. É que me recordavam as reuniões d'esta casa, assistidas de professores e estudantes, de auctoridades judiciaes e administrativas, das familias da cidade, e até de illustres forasteiros; que se podiam dizer imponentes jogos litterarios, onde eram ouvidos e cobertos de applauso os homens novos, que discorriam em prosa ou verso, a contento dos associados, que, não raras vezes, pediam egualmente a palavra. — É que me tinha ainda a memoria o sarau de 29 de outubro de 1866, o ultimo em que fallei; o luzimento d'esta sala; a estralada das palmas e bravos; as vozes novas de poetas e oradores; o estrepito rumorejado da multidão, matizando-se de rostos juvenis, incendidos ao calor de paixões, que o mundo, só mais tarde, havia de arrefecer. — É que, além d'estas memorias, a reflexão, com o dobar dos annos, soube dar preço e grandeza aos intuitos generosos de Coimbra e aos d'esta associação, onde o amor prima todas as questões: — as da arte, as da politica, as da sciencia, as do genero humano!

Sabeis por que volto.

Annui em vir, porque n'esta associação discursei outr'ora com os moços; porque d'ella me elegeram socio honorario; e não podia faltar á apotheose e justiça que ora tributaes a um dos filhos mais queridos de Coimbra, o qual, d'entre nossos irmãos, se ergueu ao dominio dos seus conterraneos pela palavra escripta.

Senhores: — Vou fallar de Joaquim Martins de Carvalho.

Não se póde alevantar estatua, pequena ou grande, não escolhendo local adequado, fundo ou moldura, onde naturalmente venha a surdir a figura que hemos de respeitar, e expôr á publica admiração. Além do mais, mister se torna egualmente a selecção do bronze de que ella se hade fabricar, o pedestal onde erguer-se, e ainda o conhecimento de pessoas e successos, que hãode acompanhal-a, para que ao deante venha a saber-se que o homem de quem se falla ou escreve é filho do seu tempo; tempo que elle comprehendeu e que soube engrandecer.

Senhores: — Joaquim Martins de Carvalho é um homem novo; novo na accepção latina da palavra. Se lhe quizermos erguer estatua, hade ser aqui, n'esta casa, onde um artista da cidade avultou do marmore ao rei-artista, ladeando-o de filhos de Coimbra, illustres nas artes e nas lettras; aqui, onde uma associação, forte pelos seus intuitos generosos, converteu o refeitorio dos conegos regrantes de S. Agostinho no ágora de suas deliberações, escholas e conferencias publicas; aqui, onde um pensamento bom santifica os logares e dá valor moral ás pessoas. — É aqui, senhores, que devemos estreitar nos braços a Joaquim Martins de Carvalho.

Se esta associação protege os associados, alcançando-lhes bom destino quando o não hajam; conseguindo pelos meios legaes a liberdade dos que forem presos; ajudando os que, sendo annosos, na molestia ou desastre se impossibilitam para o trabalho; soccorrendo viuvas e orphãos, emquanto ellas não mudam de estado, e os segundos não obteem emprego; — se acode d'este modo ás mais instantes necessidades da pobreza e do infortunio, fazendo a sua lei social d'esta e mais outras generosas aspirações; — este se é o fim de tal confederação popular, que conjuga em circulo fraterno homens laboriosos, doando-lhes para as eventualidades da vida uma reciproca e digna protecção; — se estes são os sentimentos e a lei benemerente d'esta associação, aqui me praz o manifesto admirativo e grato ao seu filho maior; ao que, pelo esforço da vontade, honradez da vida laboriosa, calor communicativo de seu espirito, sempre inclinado ao bem, — foi gastando a existencia no combate. permanente das trevas, na defeza constante das franquias populares, e mais de tudo no amor a esta cidade; amor apaixonado, forte, immarcescivel, que é tão seu desde os dias formosos da juventude até estes em que o sol do occaso vae rouxeando a vida, que em pouco tem a decrepidez physica, porque são as ideias e um pensamento nobre quem dá ao ser humano uma eterna mocidade.

Senhores: — É assim. E com estes traços se compõe a physionomia de Joaquim Martins de Carvalho. Se elles carecem da consistencia e relevo da estatuaria, da expressão e colorido da pintura, da minucia cuidada e trabalhada da ourivesaria, — é que as cousas moraes não cabem em formas tangiveis; e expôl-as d'essa maneira á admiração só pertence aos reis da palavra e aos genios immortaes, que aos homens dão, com a flôr do seu espirito, as fibras da alma e o sangue das veias. Só cabe aos homens de excepção.

Escutae, senhores: — La Tour d'Auvergne foi o primeiro granadeiro da primeira republica franceza. Á tarde, depois dos combates, assentava-se no meio dos camaradas, e durante a refeição, por vezes de sobriedade quasi hespanhola, elle os encantava com a sua conversa, em que ia dizendo das guerras antigas e glorias da França. Nunca um outro homem conquistou tantas e tantas dedicações.

20

Quando os inimigos da patria o prostraram morto, grande
e geral foi o lucto; e nada fez que o exercito se separasse
d'elle. Levou comsigo o coração de La Tour d'Auvergne
em suas marchas immensas atravez da Europa e por todas
as batalhas. Até 1814, mettido o coração em uma urna
de prata, levaram-n'o sempre com a bandeira á frente
da 46.ª meia-brigada. [1]

Senhores. — Este homem, combatendo pelas ideias da
revolução, isto é, as do povo; e que assim contava a
seus filhos, aos soldados, a epopeia historica do seu paiz,
elevando-lhes o espirito, augmentando-lhes o saber, não
poderemos comparal-o a Joaquim Martins de Carvalho,
que, no seu campo de batalha o — *Conimbricense* — forma
os homens novos, contando-lhes da liberdade, das suas
luctas, das suas vicissitudes, — que teem egualmente as
suas legendas, os seus santos, os seus martyres?

Não será comparavel a La Tour d'Auvergne, elle, que
soffreu pela causa da revolução, e que tem combatido
despotismos, injustiças, malfeitores?

Não illaqueado pelos deslumbramentos do successo,
como La Tour d'Auvergne que não quiz ir além de um
simples granadeiro, elle não mais quiz ser do que um jornalista.

Ahi, na imprensa periodica, a publicidade tem sido a
atmosphera natural da sua vida publica; ahi tem casado
todas as opiniões para o bem geral; ahi tem animado os
humildes a, pelo sacrificio, conquistarem a fama; ahi tem
feito a guerra dos prejuizos para alcançar a paz da civilisação. — Contrario aos politicos, não se tem curvado ao

---

[1] *I. Michelet.* Les soldats de la révolution.

successo. E, ao passo que despresava a força, guardava no coração, com o amor de Coimbra, o culto das leis.

Senhores: — São taes exemplos os que impedem o empobrecimento das almas, a ruina das consciencias, e põem trava ao esforço systematico, perseverante para degradar os homens. São exemplos d'estes os que teem produzido em o nosso paiz — generaes illustres, illustres professores, artistas celebres, operarios heroicos, homens de paz e de guerra: — o duque da Terceira e Joaquim Antonio d'Aguiar; Filippe Simões e Soares dos Reis (esculptor portuense); Fontes Pereira de Mello e o bispo de Vizeu; Joaquim Martins de Carvalho e Antonio Jardim. *(prolongados applausos)*.

São estes os exemplos, que, traduzidos n'uma vida inteira, se impõem á publica admiração; porque hoje só os serviços reiterados, a dedicação aos interesses nacionaes, a honestidade das acções, governam os povos; porque hoje as sociedades só querem obedecer á intelligencia e á razão, ao poder moral do homem sobre o homem, ás energias do espirito humano, quando defendem a liberdade aos que, finalmente, possuem sisudez, talento, prestigio: — aos caracteres.

Estes os da vanguarda, os do labaro ardente!

Atravez o fluctuar dos homens e das cousas o fraccionamento de partidos, o vae-vem das doutrinas, paixões e interesses contrarios: — vão intemeratos.

A corrente de ideias que levam a Europa a outros destinos, communicando-se como as longas vibrações de um immenso tremor de terra; chocando lembranças, fidelidades; arrancando gritos de dôr; arrastando erros, chimeras, theorias e perigos: — a elles, aos homens novos da epoca actual, a elles não os intimidam.

Medindo, sopesando a responsabilidade da sua influencia e talento, não se oppõem á corrente, por comprehenderem que, nos negocios humanos, assim como na natureza, — o que não se renova, é destinado a morrer.

Differentes, porém, dos exaltados de uma eschola, que já teve seu dominio nas lettras e na politica, sem quererem a exploração das massas, o não menor dos servilismos, cuidam: — *na região superior das ideias*, em guiar e esclarecer; destrinçando ante os olhos do povo, os verdadeiros principios dos falsos, o que é possivel e pratico d'aquillo que o não é; *na região superior dos governos*, da eminente questão economica que sobreapparece aos problemas politicos, os quaes, ninguem o ignora, pendem da solução d'aquella.

Senhores: — Esta a philosophia da historia contemporanea.

Se não vejamos:

Quando uma nação domina e subjuga a França, impõe suas leis á Europa inteira. Em Waterloo cairam feridas de morte as aguias francezas, e logo a Inglaterra, a victoriosa, impôz ao continente seus poetas, romancistas e oradores; finalmente os ideaes da sua politica e do seu governo.

Byron, o illustre procere inglez, influe toda a litteratura europeia, e dá nascimento á eschola romantica. Seu predominio vae até á Russia, onde Lermontooff copia os heroes byroneanos para os apropriar ao Caucaso. Dá o santo e a senha a Victor Hugo, e elle o confessa; a Lamartine, a Musset a quem chamaram Melle Byron.

Walter-Scott cria o romance historico e de costumes em todos os povos; tal é a confissão de Balzac que ao illustre escocez declara preito de admiração.

Senhores: — A litteratura influe na politica; dá-lhe a paixão, o lance dramatico, aquelle estado sentimental que facilita e explica aventuras e revoltas, os grandes lampejos da justiça, as expansões violentas e eloquentes da palavra, onde na voz do cidadão concute a voz da multidão; finalmente os debates politicos e parlamentares, que, em toda a parte, excepto ao norte, são copia imitada d'aquelles enormes dramas do parlamento inglez.

Por detraz dos oradores constitucionaes, estão Burke, Fox, Pitt, Grey, — e os Russel, e os Disraeli e os Gladstone, com a alteza de suas paixões.

A litteratura desenha o seu tempo melhor do que nenhum outro elemento social. Porque um poeta influira a nova ordem de cousas, as revoluções fazem-se com versos. Assim começa a da Grecia em 1820, com os cantos populares do conde Marcellus; assim a de 1830, em França, com os versos de Lamartine e Hugo; assim a da Italia em 1848, com as poesias de Mamelli — *Fratelli d'Italia;* assim as nossas com hymnos e cantos, onde destacam, encantadores, os de 20 e os da Patuleia.

Era a epoca romantica erguida nos intuitos; generosa no proceder; que enxugou muita lagrima, consolou muita dôr; e, divinisando a mulher, levou-a, com sua infinita delicadeza e modesta caridade, á fundação das grandes instituições de beneficencia.

Paixões e ideaes formosos, lyras triumphantes ou quebradas, indignações do pensamento, as da materia, dramas de homens e de povos, lagrimas ardentes ou risos escancarados, tudo n'esta epoca teve voz: — a da lyra, a do orador, a da cantiga popular, mesmo a do livro e a do pamphleto, ás vezes com entonos de Cesar ou de Spartacus, sempre revolucionando e revolucionada, fazendo historia com a biographia de seus filhos, homens novos, que impozeram á civilisação o seu temperamento.

Succede, porem, que a Allemanha vence e subjuga a França, e logo esta civilisação romantica cede o passo á civilisação humanista ou positiva. D'ahi uma litteratura, outra poesia, um governo differente : — o dos negocios, que eu não censuro.

·Á época heroica devia succeder a época humana ; ao sentimento e ao coração os cuidados terrenos. Depois a consciencia do homem sentia-se abalada pelos soffrimentos publicos ; e de 1863 vinha o movimento economico. Esta revolução instante nas ideias encontrava os espiritos preparados. — Já Samuel Cunard em 1840 havia lançado a sua poderosa companhia de vapores, que, ligando a Inglaterra com a America, estabelecia entre os dois povos um serviço regular de communicações, seguras e promptas ; Peabody havia legado 12.500:000 francos aos pobres de Londres abrindo ensejo a que se construissem para a miseria 18 grupos de casas com 4:551 habitações, onde alojar 18:000 pessoas. — Nasciam as cidades operarias na Inglaterra, na Hollanda, na Prussia, e ainda em 1886 na Belgica, depois das gréves do Borinage. — As sociedades anonymas lançavam atravez da Europa os caminhos de ferro, as empresas colossaes e os grandes melhoramentos publicos.

N'esta época do positivo tudo é do seu tempo ; e eis por que n'este movimento geral, economico, de proveito para tantas energias que constroem a civilisação, — nós encontramos o lutador de quem hoje aqui vimos falar, exalçando-o, que bem o merece.

O que escreva a sua biographia, ha de escrevel-a com os actos da propria actividade benemerente em favor dos interesses publicos, a partir do augmento economico d'esta cidade. Assim :

— Na exposição districtal, fabril, agricola e de archeologia, fomentada em 1869 por este gremio de artistas, áquelle, trabalhador inexgotavel, é que se deve na mór parte o bom a cabo de certamen tão auspicioso.

— Em 1884, promovendo a *Escóla livre das artes de desenho*, em Coimbra, uma outra exposição districtal de manufacturas, foi Joaquim Martins de Carvalho o presidente da commissão executiva; e tantos foram seus esforços e dedicação, que, em verdade só a elle devemos egualmente a grande occorrencia de productos.

— No mesmo anno de 1884, 26 de maio, obediente a suas convicções, promoveu á memoria de Joaquim Antonio de. Aguiar, solemne, extraordinaria e apparatosa manifestação, indo enorme concurso de pessoas de todas as classes ao cemiterio da Conchada, onde se ouviram discursos patrioticos, exaltando aquelle cidadão, um dos filhos mais illustres de Coimbra.

— Em 1885, 6 de dezembro, foi elle o primeiro impulsor do grande prestico civico pelo 7.º centenario do fallecimento de Affonso Henriques; prestito em que tomaram logar as associações conimbricenses, crescido numero de gente da cidade, e em que o municipio compareceu com a sua bandeira, muitos com a sua palavra : dos quaes, para mim, o mais querido, o mais venerando, já aqui não trará os generosos sentimentos de seu perfeito coração![1]

Assim vêdes o porque de tão solemne festa, e a razão que me falla.

Ha homens de dois feitios : uns, que se formam pouco a pouco, e no correr dos anuos vão affirmando em actos constantes de benemerencia a alteza das suas faculdades. São os uteis. Outros, de certo grandes illustrações, são menos positivos, menos praticos. Tudo d'elles se passa no dominio da especulação e das theorias brilhantes. Demovem, porque impressionam e seduzem ; mas são menos

---

[1] O Visconde de Monte-São, pae do author d'este livro.

prestantes, pois aquelles são os obreiros incansaveis emquanto vivos.

Os factos que dennunciei bem o mostram: — é dos
primeiros Joaquim Martins de Carvalho. Pelo quê, esta
solemnidade. Se a houvessemos de condensar em forma
material, — poderiamos escolher a figura que nos apparece no monumento á memoria do grande orador Fox, em
Westminster : — um negro que estende os braços cujos
ferros caem partidos !

Disse : (*prolongados applausos.*)

Discurso proferido na Universidade de Coimbra, ao receber capello em «Direito» o doutorando Joaquim José
Maria d'Oliveira Valle: — 2 de junho de 1867.

enhores: — É da lei e muito da minha de-
voção o vir contar, perante o corpo cathe-
dratico, do festejado talento do insigne
academico, Joaquim José Maria d'Oliveira
Valle.

De tal empenho me sahirei, relem-
brando os factos.

Dignos professores : — O alumno distincto, de quem
falo, comigo frequentou seis anuos as aulas d'este gremio
scientifico; e bastantes vezes aprendendo na vossa lição
os preceitos que dão vida e força ás sociedades, nos en-
contrámos ao lado um do outro, soldados da mesma idéa
e compartilhando as mesmas crenças.

São pois de acerto as minhas palavras. E ainda bem;
n'este logar de honrosas tradicções, escutando-me todas as
faculdades, é a minha voz tão pouco auctorisada que só
peço a tomeis em conta pelas verdades que vou dizer.

Senhores : — Não deverei falar de um estudante lau-reado sem referir a razão porquê.

Ella advem dos usos e costumes d'esta academia; é uma necessidade do nosso tempo, cortado de acontecimen-tos, alumiado pelas descobertas scientificas, e assim care-cido de homens intelligentes, laboriosos, que hajam por dever a continuação das conquistas que só progridem do trabalho assiduo dos pensadores. Esta a razão das festas imponentes do ensino.

Nem differente podia succeder.

Na historia aspera e difficil do genero humano, para nós só contam as paginas que referem o resgate de al-guns direitos; o descobrimento de mundos novos; e a lucta dos homens por um punhado de crenças que lhes são fé e vida, e de que elles tanto carecem, a que justos sejam e bons nas horas dilatadas do soffrimento, ou nas alegrias e delirios da sua redempção.

Senhores : — Desde o alvorecer das sociedades moder-nas até hoje importante quadro se desenrola.

No começo depara-se-nos a meia-edade, época som-bria em que tudo se confunde, e onde tudo ahi se forma. Então que o espirito humano se debate e as raças arma-das se atropellam, talhando na Europa differentes nacio-nalidades, assistimos, por entre o conflicto dos combateu-tes, á formação do direito pelos costumes, á das linguas pelos trovadores sahidos da Provença, á do commercio pelas cruzadas e pelos judeus, á da industria pelas com-munas.

É sem duvida gloriosa esta época da historia; mas no meio d'aquella vasta genesis os homens são escravos; e então o *senso universal,* segundo a palavra de Vico, deixa alli as descobertas e vae-se na conquista da liber-dade.

Tres seculos após se desdobram e a condição de *livre* é a unica ambição dos pensadores que demandam tempos melhores.

Caminham firmes na grandeza da sua causa, e só a morte lhes póde arrebatar a esperança.

A verdade, senhores, é muitas vezes perseguida; mas alastra-se pelo ambito da terra e tudo o que ahi vive e pensa concorre em generosidade, esforço e amor para a sua suprema victoria.

N'estes tres seculos cheios de vigorosa adolescencia ha um tumulo e um berço: o tumulo de muitos erros e prejuizos do passado que morre; o berço de muita crença e muita esperança da liberdade que robustece.

Dias memoraveis! Da liberdade religiosa, ponto de caminho para todas as outras, o espirito do homem proclama os direitos do pensamento pela bocca de Descartes; depois, forte e consciente da sua auctoridade, a intelligencia investiga as leis da materia e Newton descobre a gravitação.

O mundo physico já não esconde segredos, quando a industria o transforma e aperfeiçoa; e não contente d'estas victorias, o *senso universal* complementa os seus trabalhos, dando ao mundo novas leis e novos preceitos pela bocca de Montesquieu e de Rousseau.

D'aqui ás sociedades de agora vae um nada; e sabeis como se operou a transição em a noite de 4 de agosto de 1789.

Assim findou o passado, e veiu este seculo. Assistiu aos funeraes de todas as auctoridades; e, ficando-lhe só a auctoridade da razão, com ella progride ao futuro.

Senhores, nenhum seculo deve olvidar a tradicção dos seus heroes; os nossos são os operarios a cujo esforço devemos a civilisação: não podemos esquecel-os.

Meditar-lhes a palavra e doutrina, tal é o dever do ceareiro que uma vez se afoitou na larga messe do pensamento.

Já vedes o porque falo de um estudante laureado.

Das congregações scientificas se derrama a luz, que vae inocular o vigor da seiva em todas as instituições e melhoramentos de um povo. Ahi se conservam e ensinam as grandes descobertas das gerações que foram, ahi se aprendem e discutem os bons principios dominando as gerações modernas.

Os nobres commettimentos e altas emprezas pedem obreiros distinctos.

O Evangelho, refere um estadista de nomeada, exige o pregão de bons apostolos; e ainda não chegámos á terra promettida. Este seculo por hoje ainda não póde entoar o cantico soberbo dos hebreus depois da passagem do mar Vermelho.

O mar da sciencia ainda esconde vastas solidões, fragas e alcantis, onde se arrasta enfezada a vegetação.

Como Goethe, pedirei mais luz, *mehr licht*, mais trabalho incansavel, a ver se a essas vagas mysteriosas chega a claridade do pharol, que salva os nautas, ou a fé de um Colombo, que descobre mundos.

Senhores : — Devia progredir mais longe; não o consente a curteza de tempo. Como vos disse, para continuar a grande obra da civilisação, hemos mister de obreiros de merito: aqui tendes o joven doutorando, Joaquim José Maria d'Oliveira Valle.

Educado por vós na sciencia do direito, e, recebendo d'um tio preclaro conselhos de sã moralidade, colheu nas virtudes e amor de sua mãe o exemplo para as suas idéas e trabalho ; e, como em tudo a fortuna o bafejasse, nem lhe faltou um padrinho illustre de quem peço licença para falar.

Senhores : — Os governos representativos hão de ir indo melhorando. É a qualidade da sua constituição ; e mais, porque, de época recente na Europa, alevantam-se por de cima dos escombros do absolutismo, que, apesar de muitos erros, ainda alimenta saudades nos espiritos retrogrados.

Elles por vezes acirram as iras populares e com ellas desejam encravar a civilisação ; deslumbral-os com o esplendor das novas instituições, e arrebatar-lhes das mãos a arma, com que pretendem gladiar, é pois uma urgencia.

Para o conseguir instam as reformas : na instrucção, desde a superior até á elementar; na administração, amoldando-a aos principios de um governo livre ; nas relações internacionaes lavrando tratados ; na regra das finanças e organisação do exercito fazendo que obedeçam a um plano liberal e equitativo de contribuição. E ainda reformas em nosso systema de processo e na penalidade.

Em fim, senhores, os governos representativos, na centralisação governamental que a philosophia do direito lhes concede, teem de cumprir magna tarefa, para a satisfação da qual mais do que nunca são necessarios os estudos, a luz, e os recursos do estadista e que até sem elles se não póde levar ao fim.

Já vêdes qual é o carrego dos ministros de estado e que pagina brilhante os aguarda na historia, quando recta e gloriosamente d'elle se desempenharam.

Do ministro dos negocios estrangeiros, o sr. José Maria do Casal Ribeiro, se podia affirmar haver cumprido tão grande e espinhosa missão ; as suas reformas em nossas finanças, levando o paiz a ponto de rivalisar com outras nações, constituem na verdade o padrão da sua gloria, e lhe concedem os foros de verdadeiro homem de estado.

Senhores : — Os actos do ministerio de 1859 a 1860, principalmente os que de prompto deviam operar fundas modificações na vida economica do paiz, mal podiam attingir conclusão, se o sr. Casal Ribeiro, quando ministro da fazenda, não os acompanhasse de grandes reformas na receita publica.

Acudindo ás despezas correntes, beneficiando o estado do thesouro, s. ex.ª d'este modo olhava ao *deficit*, deixando, pela confiança estabelecida, porta ampla por onde recorrer ao credito, no caso dos futuros melhoramentos nacionaes.

As leis do imposto predial e pessoal, a de registo e de industria, transformando profundamente o systema de nossas contribuições, e substituindo-o por outro de maior egualdade, não obstante a resistencia então experimentada, eram de tão reconhecido merito, que o primeiro passo do novo gabinete, apresentando-se ás camaras, foi declarar pela voz do conde Avila : — « que o nobre ministro que o precedera, o sr. Casal Ribeiro, pela coragem que havia tido de propôr ao parlamento medidas, embora severas, mas reclamadas pela situação financeira, merecia os louvores da camara e a approvação do paiz ».

Accrescentava mais o orador : — « O sr. Casal Ribeiro esteve hontem assentado nas cadeiras do governo ; s. ex.ª virá para ellas ámanhã, porque, homens do seu merecimento, não pódem estar muito tempo fóra da administração publica ».

Senhores : — Ao meio da lucta partidaria, é assim que a verdade se levanta e presta homenagem ao talento. Isto já de si bastaria para crear um nome illustre : outros casos porém, se nos offerecem para dar a conhecer a excellencia do patrono do joven doutorando.

No seculo XVIII, senhores, quiz elevar o homem constituindo as sociedades e o seu governo pelo suffragio popular; o contracto social, porém, não foi sympathico aos magistrados, ás cortes e aos reis; e por isso o regeitaram.

Revolutam os tempos e com elles as ideias: hoje são os reis que proclamam o voto universal, para justificação das grandes annexações.

Ainda não ha muito, estando a Europa sobresaltada pelos adventos da Allemanha, veio Mr. de Lavalette para lhe acalmar os receios, proclamar e defender, em nome de Napoleão III, a tendencia para as grandes nacionalidades. Pôz assim em alarma as nações pequenas, chamando a sua especial e seria attenção para este grave problema da época actual.

Nós tivemos de volver os olhos para Santa Maria da Victoria!

O sr. Casal Ribeiro, pesando estes successos que intimidavam a verdadeira opinião publica, attentando no designio dos Bismarks, logo devota todos os seus cuidados para a nossa autonomia; consegue a creação d'um ministerio dos negocios extrangeiros; e, acercando-se de homens de merecimento real, trata immediatamente de os enviar ás côrtes da Europa, para alli defenderem e exigirem que se respeite a nossa naciolidade.

Senhores: — Quem não póde ter exercitos numerosos, defende-se com a força do direito; este só pelas mutuas relações diplomaticas se faz valer.

Maiores considerações pedia o assumpto; mas ainda aqui me tolhe o passo a estreiteza do tempo.

Findarei, lembrando que s. ex.ª se orgulha em ser filho da universidade de Coimbra. Esta escóla celebre que presenteou á patria e ao mundo Damião de Goes, Antonio Homem, José Anastacio da Cunha, José Monteiro da Rocha, e o insigne Mello Freire que as nações extrangeiras põem ao lado de Montesquieu, — deve hoje experimentar a maior alegria ao ter no seu gremio um alumno dilecto, que d'aqui saiu para a carreira politica, já accumulando as honras e os meritos de grande illustração e de talento superior.

Com este padrinho, senhores, e n'este logar, é bem ocioso o meu discurso; e na verdade só aqui me encontro no desempenho de um dever. Supponho o não cumpri a contento dos que me ouviram. Vós, porém, illustre prelado e digno presidente d'esta academia; vós, illustre e respeitavel decano da faculdade de direito; e vós, mestres sapientes, ao circumdar de viçosos louros a fronte do joven doutorando, desculpae a minha palavra pouco harmoniosa.

Só aqui vim em cumprimento e satisfação do honroso mandato que as praxes universitarias me impõem. Assim, outros dirão melhor; ninguem com mais entranhado affecto: laços intimos me prendem ao neophito, e não menos estreitos a esta communidade scientifica, a quem desejo edades largas, em memoria de tão formoso dia.

Prelecção feita em 1872 perante a Faculdade de Direito da Universidade de Coimbra

A FEITURA DAS LEIS DEVERÁ SER CONFIADA A UM CORPO ESPECIALMENTE HABILITADO, SEM OFFENSA AO PRINCIPIO DA REPRESENTAÇÃO NACIONAL [1]?

enhores : — Antes de entrar no assumpto d'esta lição, consenti que eu demonstre a sua importancia. Complexo e difficil é o problema ; a solução d'elle, porém, vindo dos principios liberaes, ha de recompensar-nos, creio, de quaesquer difficuldades e obstaculos.

Está redigido do seguinte modo: — « A feitura das leis deverá ser confiada a um corpo especialmente habilitado, sem offensa ao principio da representação nacional? »

Tal a pergunta.

Ora, como sabem os illustres mestres da Faculdade,

---

1 — Conforme o preceito da lei, foi esta lição preparada sobre um ponto tirado à sorte, mediando o espaço de quarenta e oito horas. Veja-se o art 11 do *Regulamento, de 22 de agosto de 1865, para o concurso aos logares do magisterio superior.*

37

depois que a philosophia, reformando os codigos modernos, definiu o homem — um ser livre e dotado de faculdades para se dirigir na realisação do seu destino, — desde logo se admittiu o principio da soberania, dimanando da vontade geral; e necessariamente se reconheceu que só a mesma vontade geral podia constituir a lei.

Este era já o sentir de alguns philosophos do seculo XVII, e de muitos do seculo XVIII, entre os quaes o auctor do contracto social; sendo, porém, certo que elle proprio via difficuldade na applicação do systema, e que procurou resolvel-a affirmando serem legitimas tão sómente as pequenas republicas.

O alvitre, com quanto verdadeiro, não podia acceitar-se; era impossivel reviver Athenas.

Triumphando, porém, a soberania do povo, e assim a ideia de que só a vontade geral constitue a lei, era mister concertar estas doutrinas com as circumstancias.

A revolução franceza, que teve de evangelho o contracto social, estabeleceu a delegação da soberania em um só gráo e em uma só camara. Dominada a revolução, Bonaparte, e depois os tratados de 1815, não vieram aniquilar os principios, antes, porém modifical-os.

Hoje até os proprios monarchas reconhecem a soberania popular; e egualmente Bismark o primeiro diplomata da Europa, porque não obstante as suas idéas auctoritarias, só deu fim á guerra que ensanguentou duas grandes nações, depois de discutir as condições da paz com os representantes do povo. [1]

---

[1] — Na livraria de Bismark lá se vê a mesa sobre a qual, em lamina de cobre, está a inscripção seguinte: — « Sobre esta mesa se firmaram os preliminares da paz entre a Allemanha e a França, a 26 de Fevereiro de 1871, em Versailles, rua de Provence, n.º 15.»

Tal é a força da ideia.

Mas, se uma nação, familia de asssociados, por numerosa e espalhada em grande superficie de territorio, não póde fazer a lei, se o povo não póde constituil-a exercendo directamente a soberania, quem a deve fazer?

As constituições modernas respondem : — Os representantes do paiz sob a confirmação de dois poderes, o da aristocracia e o da realeza, denominado poder moderador.

— « A lei será proposta pelo imperante, um senado a examinará, e os representantes do povo a approvarão, sem que a possam modificar» — diz a constituição napoleonica de 1852.

A sciencia alevanta-se contra um tal systema ; n'elle descobre o aniquilamento da soberania popular. e instituições acanhadas e ineficazes na attenção do fim que se pretende.

Em umas nações é a aristocracia e o rei que negam a lei ; o *véto* é a negação da lei : n'outras, como era ha pouco tempo na França do segundo imperio, a nação só podia querer a vontade do imperador, e a que lhe impunha o senado, seu mero instrumento.

N'outras ainda é o povo quem elege os seus deputados sem restricções nem juizo, e apparecem eleitos homens sem competencia. Muitas e repetidas vezes aos denominados legisladores lhes fallecem o saber e o senso pratico, e os proprios constituintes zombam de seus representantes. D'aqui a indifferença politica.

Como remediar, portanto, estes inconvenientes, sem offender o principio da soberania?

Este é o ponto que nos compete discutir; antes, porém, remontemos aos principios.

Montesquieu definiu as leis : — as relações necessarias que derivam da natureza das cousas. Esta definição, sob o prisma observado pelo seu auctor, póde dizer-se verdadeira.

Actualmente muitos pensadores a criticam ; tal critica, porém, se nos não afigura justa, que é feita no grave desprezo dos elementos, a que attendeu o celebre auctor do *Espirito das leis*.

Tentaremos demonstral-o.

Quem descobrirá a origem da lei? Será o universo obra do acaso? Foi este quem produziu os seres, e que os rege? Não : considerando o ser humano, se lhe procedermos á analyse psychica, depara-se-nos a sua intellectualidade, e esta não póde ser effeito do acaso ; a consciencia protesta contra um tal absurdo. O homem pensa, e sente os resultados que veem da pratica ou da transgressão d'alguma cousa, que apesar da sua contingencia, o achega da luz ; esse alguma cousa é a imagem, ou melhor, a significação de uma intelligencia superior, causa e principio de todas as leis.

Ha, portanto, uma casualidade, rasão absoluta de tudo ; as leis são as relações que existem entre essa casualidade e os differentes seres, e as relações d'estes entre si. Deus está em relação com o universo, e as leis, segundo as quaes Elle as creou, são as que o regem e conservam. Deus conhece essas leis, porque são obra da sua omnipotencia.

O admiravel espectaculo dos mundos, o grande fóco de luz que dá calor e vida a todos os seres, os elementos em continuo movimento, tudo obedece a uma lei, e cada um per si origina novas leis. As relações da creatura com

40

o Creador são leis, e leis são as relações dos homens entre elles.

A materia obedece ás leis.

Galvani, descobrindo a electricidade, Fulton o vapor, Kepler o movimento dos planetas á roda do sol, dão testemunho manifesto das relações e leis entre os corpos physicos.

O celebre cidadão americano, Franklin, usou da lei, e fez com que o raio lhe obedecesse.

As relações dos seres inanimados com os animados, constituem leis, umas, que dão a vida, e outras, que dão a morte.

Todos os generos de que o homem se alimenta teem com a sua natureza relação de harmonia; pelo contrario, o arsenico, o acido prussico, o *curare*, e outros venenos, teem relação de desharmonia.

Não é, pois, a fatalidade, que rege, antes a lei, producto de uma intelligencia, que sabe reger.

Em tudo, e por toda a parte, depara-se-nos a vida, e portanto a lei.

O homem, para existir e desenvolver-se, procura conhecer as leis que regem as cousas; porém, a area limitada em que se move a intelligencia humana, e a brevidade da vida, teem-n'o obrigado a usar do methodo, a proceder systematicamente.

D'aqui a divisão das sciencias em noologicas e cosmologicas. [1]

—Divisão da sciencia de Ampère: — em duas grandes arterias — as sciencias *cosmologicas* e as sciencias *noologicas*. Todas, quer tenham por objecto o estudo dos phenomenos materiaes ou das abstracções a que deram logar, quer tenham por fim as operações intellectuaes, as investigações, os processos do entendimento e as suas leis, ou a dialectica, todas são essencialmente experimentaes.

Veja-se *Exposição analytica de uma classificação natural de todos os conhecimentos humanos.*

Pela noologia trata o ser pensante de conhecer as leis que regem os espiritos; pela cosmologia as leis que regem os corpos, ou a materia.

Deus e a sua propria intelligencia constituem o mais levantado assumpto dos debates do espirito humano; e d'esta lucta do pensamento nascem as sciencias moraes, a theologia, a psychologia, o direito.

Que leis regem o espirito infinito e a creatura?

E' um problema, que tem preoccupado as maiores intelligencias. Prophetas, egrejas, seitas e philosophos, recorrem á revelação e ás tradicções, deduzindo d'ahi as leis entre Deus e o homem.

Sobre este ponto, o trabalho do espirito humano atravez das edades, escreveu mil volumes, ou antes, mil bibliothecas.

Rousseau, regeitando theogonias, a revelação, as tradicções, e até a propria philosophia, recorre ao bom senso e á consciencia; e, pondo-se em frente da natureza, que admira, conclue pela existencia de Deus.

— «Que a materia seja eterna, ou creada, diz elle, que haja ou não um principio activo, é certo e indubitavel que o todo é um, e revela uma intelligencia unica, porque nada se vê, que não esteja em ordem no mesmo systema e que não concorra para o mesmo fim, a saber: — a conservação de toda a ordem estabelecida. O ser que quer e póde, o ser activo por si proprio, esse, em fim, que move o universo e ordena todas as cousas, é Deus».

As leis que manifestam as relações entre Deus e o homem são as leis moraes. De pura intenção na consciencia, na vida real constituem uma das faces da ideia do bem, mundificam o espirito, e animam no exemplo da virtude.

Eis porque não póde existir uma sociedade de atheus.

Deus apparece na intelligencia e na consciencia do homem; a sua lei é a justiça e o bem; e portanto o desenvolvimento e harmonia de todos os seres humanos.

O amor, a equidade, a justiça, sem o que as sociedades não poderiam viver, constituem as leis naturaes, isto é, as leis divinas.

Bem querer á terra onde nascemos, aos paes, e ao genero humano; a outrem não fazer o que não desejamos que se nos faça a nós; tudo são leis naturaes, a que chamava Kant — *o imperativo cathegorico*.

Mas não é d'estas que temos de occupar-nos.

As leis que regem o espirito humano são absolutas; acima do tempo e do espaço, pertencem restrictamente á psychologia, base da philosophia do direito.

A metaphysica é a primeira das sciencias, porque d'ella derivamos as leis primordiaes da sciencia juridica.

As leis que regem a materia são, pelo seu mesmo objecto, leis de causalidade necessaria; as leis da chimica, da physica, da astronomia, são maravilhas, que o homem procurou e continua descobrindo.

Não é d'estas tambem que temos de occupar-nos; a pergunta a que vamos responder, não as abrange, porque o homem não faz as leis do espirito nem as da materia: estão superiores ao ser pensante, impõem-se-lhe independentes á sua vontade, e o homem só as aproveita melhor, e melhor as cumpre, quando as tem no perfeito conhecimento.

A pergunta refere-se, portanto, ás leis positivas, ou antes ás que a jurisprudencia chama leis juridicas.

II

Fallemos d'estas:

A entidade humana, ao transgredir a lei natural, acodem-lhe logo os effeitos da propria transgressão; póde fazel-o, que é livre; mas é certo que o mau uso da sua liberdade dá-lhe a imputação, porque é responsavel.

A intelligencia e consciencia, a natureza particular de cada individuo, são causas para que só elle conheça quaes as condições adequadas em conseguir o seu destino; d'aqui o fundamento da liberdade, d'aqui a principal lei juridica.

A qualidade particular de cada homem só por elle póde ser devidamente apreciada; e, como o seu destino se ha de cumprir de harmonia com essa qualidade, só elle póde escolher os meios apropriados ao seu conseguimento.

A relação entre os meios e o destino humano é a lei da liberdade; esta manifesta-se pela vontade; logo a vontade é o principio da lei.

Não é o arbitrio; sim a vontade, repetimos, de harmonia com o destino humano; chamamos liberdade, é a lei.

Mas, se todos os homens teem a mesma lei, e se cada um a póde transgredir, como evitar as transgressões?

Se os interesses de cada individuo pódem encontrar-se em prelio com os interesses de outro, como harmonisál-os?

Determinando a lei primitiva, e fazendo outras, que digam o que é licito e o que é prohibido, e preceituem, conforme aos principios do direito individual e social, como se obtem a harmonia.

Expliquemo-nos:

O homem tem de completar-se desenvolvendo-se; como este fim, porém, é egual para todos, todos e cada um hão de realisar o seu destino, escolhendo as condições mais apropriadas.

Se qualquer homem é egual a outro, não ha entre elles superioridade; d'aqui a soberania individual. A lei primittiva é a liberdade, e eis porque as constituições admittem como fundamento de todas as garantias a seguinte regra: — Ninguem póde ser obrigado a fazer ou deixar de fazer alguma cousa senão em virtude de lei anterior.

Mas, que lei? É a de que tratamos, a lei escripta.

Qual o principio determinativo da lei positiva, ou antes, qual o principio, em que assenta a relação juridica, anterior á lei?

É o mesmo que o da lei natural, a saber: — o conseguimento do destino do individuo.

Se tão sómente o homem póde usar da sua liberdade, só elle póde constituir lei escripta. Tal é o fundamento da soberania popular, ou antes do direito.

A lei é uma condição para o homem, e portanto dependente da sua vontade.

Tem ella por fundamento relações necessarias, mudaveis, porém; são necessarias, emquanto existem; são mudaveis, porque cessam. E era este o sentido em que fallava Montesquieu, dizendo que em cada diversidade ha uniformidade, em cada mudança ha constancia. É esta a ideia fundamental do seu systema.

As leis de um povo são uniformes ás circumstancias d'esse povo; cada uma, porém, no mesmo povo muda, ou se altera, logo que mudem as relações que primitivamente lhe serviram de fundamento.

A lei é, portanto, a expressão da vontade; e, como é reclamada pelo homem, na convivencia de outros, todos devem concorrer na sua feitura; cumpre, portanto, que ella seja a traducção da vontade geral.

45

Ao definir a lei de outra forma, pesam-se condições particulares, que pódem deixar de existir, olhando-a sob um ponto de vista mais generico.

Dividem-se as leis consoante ás relações que as determinam.

Pódem estas dizer respeito á constituição da sociedade e aos poderes politicos, ou aos negocios entre os individuos, considerando os como particulares.

D'aqui vem que as leis juridicas se dividem em direito publico e direito privado.

Mas estes dois tão importantes ramos do direito pódem ainda subdividir-se.

No direito publico devemos considerar especialmente as leis da união, as leis de constituição, as leis de direito internacional, as leis de organisação da soberania, as leis do poder administrativo, as leis penaes, etc.

Dirigindo a todas as perguntas que deu origem a esta prelecção, vejamos qual é a resposta.

III

Leis de união: — O homem tem de viver em sociedade; é-lhe, porém, livre a escolha d'aquella a que deseja pertencer. Todas as *constituições* permittem que o *natural* saia do reino, e que o extrangeiro ahi venha naturalisar-se. Assim, n'este caso, é o proprio individuo quem escolhe, expressa ou tacitamente, a nacionalidade, e por tanto os seus associados.

A lei de união fundamenta-se nas relações existentes entre os homens do mesmo paiz; porém, aquellas em que assentam as nações são difficeis de determinar.

Alexandre Herculano attende a tres caracteres : — á raça, á lingua, e ao territorio; outros pensadores, taes como o allemão Herrenschneider, recorrem á lingua e á religião; outros, aos limites naturaes; outros ainda, ao elemento historico; e finalmente tambem alguns, á guerra.

Laurent, nos seus *Estudos sobre a historia da humanidade,* tratando a questão, refuta todos os systemas, porque nenhum d'elles julga verdadeiro.

As nacionalidades são factos, que soffrem modificações em virtude de infinitas circumstancias; todavia, o elemento historico é o que mais prepondera.

Á priori, a difficuldade desapparece, quando se admitte que só o homem póde escolher aqnelles com quem se hade associar; porque então póde-se dizer que hoje o elemento constituitivo das nacionalidades é a vontade.

A posteriori, o campo em que deve ser considerada a questão, a difficuldade é superior.

Se um estado quizer desannexar-se para se constituir independente, ou annexar-se a outro, — quem hade resolver e decidir, isto é, quem hade determinar a lei?

Como a relação d'esta lei abrange a todos póde dizer-se que n'este caso não ha mais do que a execução d'ella, manifestação da liberdade; e por isso, confundindo-se a execução com a lei, havendo um acto de manifestação immediata da soberania, é forçoso que todos declarem expontaneos se querem a annexação, ou se querem constituir-se livremente.

A guerra, que os estados do Norte da America promoveram aos do Sul, baseou-se no contracto da constituição federal, porque ahi se vê consignado o principio da alforria dos escravos; é, porém, certo que a guerra foi injusta, por contrariar o principio da emancipação dos povos, e porque no mesmo contracto estava o preceito justificando a desannexação.

Portanto, n'este ponto, a lei não póde ser conferida a um corpo collectivo, pois haveria offensa directa ao direito da soberania : a lei n'este caso é a propria soberania em exercicio, porque só o facto representa a relação, e por conseguinte a lei.

Leis de constituição: — A quem devem competir? As suas relações são do maior interesse, porque se referem á natureza do *estado*, ao fim social, e á effectividade da soberania e poder executivo.

Os *estados* constituem-se ou admittem-se, por serem a condição principal de que o homem carece, para attingir o seu fim.

O principio determinativo do direito não é a negação da sociedade, não é o *neminem lacde;* bem ao contrario é o principio do *mutuo auxilio;* e realmente d'elle se deduz a verdadeira organisação social.

Não ha, não houve, nem haverá sociedade, constituida conforme o direito, que se não governe pelo principio do mutuo auxilio.

As denominadas associações de soccorros mutuos não são essencialmente diversas de quaesquer outras, que não se designem d'este modo; porquanto, em todas ha um fim commum, conquistado por esforços communs.

Esta identidade vem da qualidade humana e do seu fim. Fim, que o homem conhece como que de instincto; mas que, em verdade não define ou explica rigorosamente.

D'este modo, se a relação que deve determinar a lei carece de conhecimentos e de affincado estudo, é consequencia necessaria que só os homens competentes devem ser chamados para a redigir, em harmonia com essas relações, de que ella é a expressão.

Até que ponto deve preponderar no codigo politico o principio social? Deverá dominar em absoluto, ou de maneira que não enfraqueça a iniciativa do individuo, e a responsabilidade humana?

É este um dos mais embaraçosos problemas da sciencia do direito, e que só pelas circumstancias se póde resolver.

Todos sabem que os estabelecimentos de beneficencia publica, (caridade legal e caridade official) não produzem resultado bastante satisfatorio; — mas todos sabem egualmente, que o homem sem trabalho e obrigado pela indigencia está em grave risco de perder a sua dignidade e de attentar contra as leis.

Cantu, depois de ter percorrido a historia dos povos, investigando-a em todos os sentidos, remata a ultima folha do immenso trabalho, dizendo: — « A sociedade reconhece que só tem direito de punir o crime, quando haja empregado todos os meios de o evitar ».

Estas palavras, de conceito, encerram em forma concisa o principio social que deve reger a constituição. E assim, porque são difficeis de conhecer as relações que determinam a natureza do *estado*, tudo nos guia a esta conclusão: — a lei constitucional deve ser incumbida a uma corporação idonea.

Accrescentarei:

Nas leis de constituição prescreve-se qual deva ser a forma do governo, quaes os poderes, suas attribuições e limites.

Deve a forma do governo ser democratica ou monarchica? Em qualquer dos casos haverá uma só camara. ou duas? De que modo serão constituidas as camaras? Quem deve exercer o poder executivo, e de que maneira deve ser organisado o poder judicial?

Á priori, a forma de governo é a democratica; porque, reconhecida a vontade nacional como fonte da soberania. não póde admittir-se auctoridade que não seja electiva, revogavel, e responsavel; e eis em que consiste o poder democratico.

Tudo o que não fôr assim, dá-nos a negação da soberania.

Póde de facto admittir-se governo, que não seja o electivo, e até justificar-se; mas nem por isso a theoria deixa de ser verdadeira.

Quaes são, portanto, as relações, que devem determinar a forma do governo, e por conseguinte as leis de constituição?

Não é facil determinal-as; e d'ahi a necessidade d'um corpo legislativo.

Antes de ir mais ávante devemos dizer em que consiste a especialidade d'este *corpo*, ou como deve ser constituido.

Se a lei deve ser a expressão de relações existentes, a sua especialidade é que deve determinar a do legislador.

Assim, antes de tudo, hemos mister de que esse corpo o componham homens de sciencia; e não só de saber juridico, mas tambem expertos com instrucção physico-moral. Cumpre-lhes ter noções exactas ácerca das circumstancias da nação, e principalmente pelo que respeita á lei anterior, porque só assim virá o conhecimento das causas, que fazem cessar as antigas leis e provocam as novas.

Leis de direito internacianal: — As leis denominadas o *direito das gentes* teem por base às relações geraes entre as nacionalidades.

O principio que as determina é ainda hoje variavel. N'este ramo de direito prepondera o que se não vê; não raro as ligações commerciaes do tempo passado, as allianças de casas reinantes, a fé de convenções antigas, etc.

Em especial procuramos estabelecer a boa harmonia e evitar os conflictos; mas, como não existe um codigo europeu que os regule, nem tribunal que os derima, o direito ou lei póde deixar de ter realidade ou completa execução.

A todos os cidadãos dos differentes povos importam as relações internacionaes; é, porém, verdade que, só por excepção e de facto, dizem respeito a um em particular. Eis porque os proprios interessados as desconhecem; e tambem porque não deve ser conferida ao povo a feitura da lei: póde e deve ser conferida a um corpo collectivo com a indispensavel competencia.

Uma tal lei determina-se pelo estudo do direito commum, e pelo que é privativo a cada nação. Assim, deve attender-se á historia e tendencias dos diversos paizes, a suas condições economicas e commerciaes, e mais de tudo especialmente, ás relações attinentes ao objecto de que se trata. [1]

Um tratado commercial, uma alliança offensiva e defensiva, uma lei de extradição, ou qualquer accordo entre dois povos em tempo de paz ou guerra, e outros ainda, necessitam para serem feitos, de conhecimentos especiaes.

Leis da organisação da soberania: — Na constituição consignam-se os preceitos geraes, que determinam ou affirmam a soberania; e isto directa ou indirectamente. Di-

---

[1] — Segundo Emílio de Laveleye, no seu livro — *sobre as causas da guerra na Europa e sobre a arbitragem*, do mesmo modo que existe uma regra de direito, que determina as relações dos cidadãos entre si, ha egualmente *in-abstracto* uma regra que ensina quaes devem ser as relações dos paizes em relação uns aos outros.

A regra é a justiça, applicada no direito das gentes; pois, tudo aquillo que é justo e conforme á ordem universal, é favoravel ao bem commum.

As nações, em frente umas das outras, teem direitos e deveres que podem ser definidos, tomando-se por base a justiça, ou o direito natural. Mas, emquanto estes principios não forem sanccionados pelo apoio explicito dos povos, não podem ser invocados como direito positivo.

rectamente, se a constituição declara terminante, que a soberania reside essencialmente na nação, da qual emanam todos os poderes ; [1] — indirectamente, quando, sem desconhecer o principio popular, é uma doação regia. [2]

De qualquer modo, é de ver que os modernos codigos politicos exprimem a relação de independencia e liberdade ; e como esta é inalienavel, a lei é de sua natureza especial.

Todos encontram em si aquella relação de liberdade, e todos, portanto, pódem fazer esta lei ; como, porém, não é possivel a convocação de todos, deverá ella ser talhada pelos representantes do povo.

Admittido o principio fundamental da constituição, cumpre desenvolvel-o, determinando os poderes que o devem executar.

N'este ponto está especialmente incluida a questão proposta : — quem ha de fazer a lei ?

Suppondo determinado o principio legislativo, vejamos mais de espaço o que diz respeito ao poder executivo, de que modo deva ser organisado o judicial, e ainda o administrativo.

A indole d'estes poderes é diversa : o judicial, permittam-nos dizel-o, sendo de natureza passivo, carece de certa organisação ; aquelle, de qualidade activo, carece de uma outra.

Qual é a relação da lei de organisação judicial ? Em regra é o descobrimento da verdade juridica, para que esta, representada no preceito escripto, no direito consuetudinario ou no principio do justo, possa triumphar.

---

[1] — Carta de 1821, art. 27.º ; carta de 1838, art. 3.º.
[2] — Carta de 1826

Os tribunaes julgam: mas o que julgam elles? — A verdade juridica, ou seja a da lei que determina os direitos civis, ou seja a da justiça descobrindo, se em certo caso ha ou não ha crime.

Esta relação da verdade juridica, que rege a lei judiciaria, ou a instituição do poder judicial, depende de muitas circumstancias: — da moralidade, da instrucção, do caracter e da indole do povo.

Devem os tribunaes ser singulares, ou collectivos?... deverão ter uma ou mais instancias?

Eis os problemas, que importa resolver, e cuja solução demanda conhecimentos proprios.

Esta lei hade, pois, competir a um corpo especial.

Leis do poder administrativo: — Sendo este poder de sua natureza activo, como dissemos, cumpre-lhe executar as leis em geral; e por isso deve ser constituido conformemente á sua natureza e fim.

Quantos ministros ou agentes superiores; quantos os grãos de administração; qual a iniciativa e responsabilidade dos seus agentes; de que modo regular o principio da subordinação?

Estas questões de tão grande alcance, sómente a uma corporação habilitada pertence resolvel-as.

Aqui as primeiras relações são: — a responsabilidade no exercicio do poder, porque encerra iniciativa; e o ser delimitado em suas attribuições, a fim de que o individuo logo reconheça quando é obrigado a obedecer á ordem, que a auctoridade lhe deu ou transmittiu.

Descendo ás leis especiaes administrativas, — á do exercito, de instrucção publica, de hygiene, de fazenda, de estabelecimentos pios e outras, — mais razões descobrirêmos para que ellas sejam da attribuição de um corpo competente.

Leis de organisação militar : — Duas são as relações que determinam esta lei : — a defeza nacional e a manutenção da ordem publica.

No bom provimento da defeza nacional deve olhar-se aos outros povos, á topographia da propria nação, caracter e indole dos que teem de constituir o exercito, modo como este deve ser organisado, moderna arte de guerra (que só de per si é vasta, difficil e custosa especialidade), e aos novos inventos militares.

E, como tudo isto pede muitos e importantes conhecimentos, não póde esta lei deixar de ser commettida a um corpo especial.

Isto mesmo se verifica emquanto ao exercicio da força militar em tempo de paz. Para que ella seja a defensora da lei, mantenha a ordem, e não exorbite assumindo attribuições extranhas, cumpre restringir-lhe a propria acção. Eis porque a força publica e armada está geralmente ás ordens da auctoridade civil.

A lei do ensino nacional é, nas sociedades modernas, a instituição mais importante, pois que se empenha em desenvolver a personalidade do homem ; e, como a intelligencia e a consciencia lhe constituem natureza, a relação d'esta lei está na necessidade de formar o cidadão.

Para que se consiga este resultado, isto é, para crear cidadãos livres, será bastante a instrucção religiosa, a civil, ou simplesmente a da familia ?

N'este assumpto o preceito consiste na admissão de uma lei, que represente a verdade.

Para bem determinar, portanto, as relações da lei de instrucção, é necessario um tribunal de muita competencia.

A lei de hygiene publica, constituição administrativa de regimen sanitario, é a lei da existencia e melhoramento physico de qualquer organismo social. Consiste a sua relação na que se dá entre o homem e os elementos que o cercam. O ar, que elle respira, é a vida, quando puro; é a morte, quando viciado.

Diversas e mui differentes são as causas, que, em verdade, pódem exercer directa influencia, para o bem ou para o mal, no desenvolvimento das forças vitaes de um povo; taes são: — a estructura das habitações, a creação e educação da infancia, o trato dos animaes, o uso das aguas, o dos alimentos, o regimen das industrias, o excesso da população, e outras.

Conhecer essas causas, e os meios a empregar para as dirigir em beneficio commum, é empenho tão singular, que elle não póde competir ou ser confiado a qualquer cidadão.

Relativamente ao regimen sanitario de um povo, tres systemas disputam hoje a attenção publica: — o systema *francez*, o systema *inglez*, e o systema *allemão*.

Só a sciencia especial poderá avaliar bem qualquer d'elles; e por isso sómente a um corpo illustrado deverá ser conferida a feitura da lei de hygiene.

Lei de fazenda, ou de meios: — A relação d'esta lei consiste em que todos concorram proporcionalmente para as despezas publicas.

Mas, como todos procuram occultar os seus haveres, d'aqui a difficuldade, que muitos consideram invencivel, na escolha do methodo, que deverá obter a justa proporção.

E, não sendo facil o conseguil-a, como se hade proceder para a levarmos a uma approximação, em todo o caso mal menor do que a falta absoluta de regra na distribuição do imposto?

São necessarios conhecimentos especiaes, e egualmente um corpo tambem especial para fazer a lei.

A legislação que regula os estabelecimentos publicos está no mesmo caso, ou os destinem a obras publicas, como por exemplo os arsenaes, ou elles se dediquem á beneficencia.

Leis penaes : — O ser humano, consciente do seu livre arbitrio, procura exercel-o. O mais ignorante a cada passo exerce actos de liberdade, isto é, actos juridicos. Tem na propria consciencia o tribunal, que o accusa, quando transgride a lei ; mas esta sancção moral nem sempre é sufficiente ; e por isso cumpre determinar bem os factos, que a sua propria consciencia reprova, e aquelles que, por circumstancias especiaes de ordem social, são prohibidos, para que a harmonia possa existir.

Ha motivos, que relevam o homem na pratica de certas acções ; e sem elles a punição lhe seria inevitavel : taes são, — a justa defeza, o acaso, a ignorancia invencivel, a obediencia passiva, o exercicio de um direito, etc.

Como, pois, descobrir a relação da lei penal ?

Geralmente consiste em manter a integridade physica e moral, e a propriedade do cidadão.

Tudo o que atacar de qualquer forma estes direitos inalienaveis é um facto prohibido ; mas, como o elemento essencial do crime é a intencionalidade, e como esta tem uma graduação, como reconhecel-a e gradual-a ?

Eis a difficuldade do assumpto.

E, porque são necessarios conhecimentos profundos da natureza humana, para bem determinar a liberdade psychologica e as circumstancias que occorrem nas pessoas e nas cousas, não póde a lei deixar de ser conferida a uma corporação idonea.

Leis civis propriamente ditas: — As leis civis, governando direitos particulares entre os individuos, referem-se á familia, á propriedade, e aos contractos. Mas taes preceitos acham-se em intima adhesão com as leis constitucionaes.

Se n'estas predomina a liberdade individual e a egualdade, n'aquellas tambem: o codigo civil estabelece leis geraes e mantem a liberdade, quer do pensamento, quer das relações juridicas.

Qual a regra ou relação, e portanto a lei que rege a familia?

A relação consiste em que a familia só se constitue por um acto solemne; d'aqui vem que a prova d'este facto importa effeitos, que só por uma forma especial pódem ser illudidos ou annullados.

Outra relação consiste na mutualidade de interesses entre os esposos, e entre estes e seus filhos; d'aqui a successão, os alimentos, etc.

Mas até que ponto devem ser respeitadas estas relações, e porque forma garantidas?

E' isto o que importa averiguar.

Uma tal averiguação demanda o conhecimento perfeito da indole do matrimonio, dos costumes e caracter dos povos; e assim, requerem-se homens competentes para conhecerem das relações da familia e formarem as leis respectivas.

Poderá o povo conhecer quantos dias são necessarios á procreação e para se estabelecer o praso da legitimidade?

De certo que não.

A relação da lei dos contractos é, na parte essencial, o mutuo accordo; e, na accidental ou economica, a reciprocidade de serviços.

É por isso que o nosso codigo civil no art. 641.º define o contracto: — o accordo porque duas ou mais pessoas transferem entre si algum direito, ou se sujeitam a alguma obrigação; e que no art. 685.º § 2.º estabelece, como regra para resolver as duvidas, *a maior reciprocidade.*

8

Mas a manifestação volitiva carece de ser provada, e a apreciação da reciprocidade pede conhecimentos cconomicos especiaes.

Quaes serão os contractos restríctos á prova por documentos authenticos : quaes á prova por documento authenticado ; e para quaes se prescindirá de qualquer d'estas provas ?

Eis o que cumpre averiguar.

A propriedade, primeiro fundamento da sociedade, tem a sua relação no principio justificativo d'ella e no modo de a trasmittir.

Qual é então esse principio ? — O trabalho ? E até que ponto será esse principio respeitavel ? Findará a propriedade com a vida do proprietario ?

Uma vez admittido o trabalho, e a occupação especificada, como permittir a transmissão ?

As sociedades teem admittido a prescripção, que é na verdade o negativo do direito individual, mas sem duvida um dos principaes elementos do direito social.

A prescripção é a ordem, a certeza de que o occupante tem um direito a manter-se na posse, e tornar-se proprietario.

Mas em que condições deve admittir-se a prescripção ?

Outro grande problema !

Para descobrir as regras, que regem a sociedade civil considerada nos seus elementos principaes, são necessarios conhecimentos correlativos ; e por isso a multidão não póde fazer a lei civil.

D. José I, no preambulo de suas leis, declara sempre que foram ouvidos os homens de sciencia e consciencia.

Em complemento das leis civis veem as leis do processo, as chamadas *adjectivas*.

Qual é a relação d'estas leis ?

E o descobrimento da verdade, de sorte que os proprios interessados a reconheçam.

Este principio vital rege-o outro não menos importante; e vem a ser: — nunca preterir a legitima defeza; ninguem ser condemnado sem ser ouvido.

Demais, qual é o juiz competente; quaes são os meios de produzir a prova, tanto a do auctor, como a do réo?

São problemas de uma solução difficil. O direito em si conhece-se mais facilmente, do que os meios de o fazer valer: isto, porque é difficil prevenir o dolo na producção das provas e na sua apreciação.

Em tudo isto a theoria cede logar á pratica. E, sendo necessarios elementos especialissimos no conhecimento das relações entre os meios da prova e do julgamento, para fazer a lei *adjectiva*, o homem experiente nos processos é, e nem podia deixar de ser, o oraculo.

Em conclusão: — A feitura das leis deve incumbir a um corpo de especial competencia e capacidade. Este, porém, só a terá, indo buscar a sua origem á representação nacional; e, mais tarde, submettendo-lhe á discussão o projecto da lei, acompanhado das razões fundamentaes que a determinam. Além da idoneidade especial do legislador, só d'est'arte virá o povo ao convencimento de que a lei é conforme ao mandato popular e ás necessidades publicas.

Senhores: — Chegando ao termo d'esta conferencia, desculpae se ella não responde á grandeza do assumpto. Foi acanhado o tempo que a lei marcou para o seu estudo; não é grande a intelligencia que tentou esclarecel-o. Em começo da nossa carreira, tomae tudo á conta de promessa. Trabalho mais serio e de maior proveito só o dá o tempo e a vossa constante lição. Tal como é, tudo deve aos principios que aprendi n'esta academia.

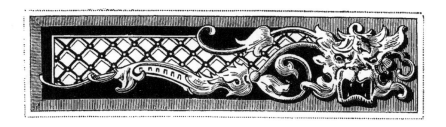

Uma prelecção na cadeira de Processo Civil da Universidade de Coimbra, em 1875.

(O JURY EM MATERIA CIVIL)

eus amigos: — Professores e jurisconsultos teem afirmado que a instituição do jury mal se combina com um systema racional de provas juridicas ; e assim, que deve ser banida da codificação aperfeiçoada das leis adjectivas.

Proximo de apparecer o codigo do processo não é para que fique sem reparo uma tal doutrina.

O jury é necessario em materia criminal e em materia civil. Discutir a primeira parte d'esta proposição é inutil, depois dos trabalhos de Mittermayer, Oudot, Buchere e de outros, e além da experiencia continua de muitas nações, que teem encontrado no jury elemento poderoso da ordem publica, e garantia efficaz da liberdade.

A segunda parte da proposição pede que se discuta.

Senhores : — A justiça é uma necessidade social, e não filha da convenção. É a harmonia das faculdades do espirito, das relações sociaes e das leis que regem a materia. É a lei; para a qual o direito é a synthese externa, e a moral a synthese interior. A infracção da justiça é uma violencia á ordem dos seres. É a desordem, com que ninguem, homem ou sociedade, póde existir e desenvolver-se. Por este motivo fizeram-se, em todos os povos leis escriptas e consuetudinarias, que estatuiram direitos e obrigações; e leis penaes, para manter a integridade d'aquellas. Umas e outras seriam lettra apagada, se os tribunaes devidamente organisados não fizessem respeitar o direito, como unico elemento e condição de vida; e isto, ou explicando, ou repremindo: emfim, sempre na applicação da lei aos casos occorrentes.

E dizemos aos casos occorrentes, porque tanto o codigo civil como o penal, ligam diversas disposições, ou differentes direitos aos factos dissemelhantes praticados pelo cidadão. O codigo civil, regra de conducta para os individuos, hade variar, conforme as variadas circumstancias em que elles se acham. O legislador, no codigo civil, não póde furtar-se a indicar o *caso* a *hypothese*, as *circumstancias*, em que é applicavel a regra que prescreve; isto é, tem a declarar quaes são *os factos de que resultam direitos*. O codigo penal, porque sendo um systema de meios repressivos a garantir as instituições juridicas, não póde egualmente deixar de estabelecer quaes os factos, de que resulta ao estado o direito de applicar esses meios repressivos, ou penas.

Posto isto : — se dos factos resultam os direitos, o que primeiro se deve fazer, quando elles sejam contestados, é evidenciar-lhes a existencia; porquanto não se póde comparar uma lei positiva com um facto incerto. Sendo esta averiguação de primeira necessidade, a quem deve competir? A um magistrado, ou a um corpo moral?

A tal pergunta, já o dissemos, respondem os civilistas modernos: — o julgamento do facto, tanto no cível como no crime, deve ser confiado ao juiz de direito e não ao jurado.

Esta affirmação é insustentavel.

Vejamos:

I I

Para entrar com methodo na questão separemos os factos de ordem civil dos prohibidos, que constituem os crimes.

Os factos de ordem civil, a que estão inherentes diversos direitos, não só em o nosso codigo, mas em todos os das nações cultas, são: — *o trabalho, os contractos e o nascimento.* O trabalho, especificação de certa e determinada cousa, é o primeiro fundamento da propriedade; mas, para que o homem possa gosar no futuro da cousa que fez sua, é necessaria a garantia da lei. O nosso codigo, acceitando estes principios, reconheceu o facto da occupação das cousas *nullius*, especificadas pelo trabalho, como pertencentes ao primeiro que empregou esse trabalho (artigos 383.º, 411.º, 429.º, 468.º 469.º e outros).

Quando, pois, se ventilar em juizo a questão de um direito primitivo, isto é, quando se discutir a propriedade d'uma coisa adquirida de um modo *originario* ou *primitivo;* quando Pedro, por exemplo, disser, perante um tribunal, que é proprietario, a quem dever competir saber se o trabalho de que se trata é reconhecido pela lei?

63

Uma de duas: ou essa especificação está designada bem minuciosamente na lei, ou não. Se está, quer um magistrado, quer um corpo moral, a pódem verificar; mas optaremos sempre por um corpo moral, pois não ha tanta facilidade em ser corrompido. N'esta hypothese, portanto, devem chamar-se os jurados para decidir, e não o juiz de direito.

Se não está: — só o tribunal collectivo dos jurados póde bem avaliar se o trabalho allegado é o que deve ser attendido, porque n'elle ha de haver alguem que tenha trabalhado.

Em segundo logar, os factos a que o codigo liga direitos, como já dissemos, são os contractos. Ora, qual é o principio fundamental dos contractos? É o assentimento legitimo e verdadeiro; isto é, o consentimento dado por partes que possam contrahir, que tenham capacidade civil; e além d'isso verdadeiro, isto é, que não resulte de erro ou dolo. Houve tempo em que tambem era principio fundamental a mutualidade egual ou approximada: hoje, já se não consente tal fundamento; pelo menos o nosso codigo civil não admitte lesão.

Admittidos os dois casos, — legitimidade das partes, e veracidade no cumprimento do contracto, cumpre saber como as leis os consideram.

A legitimidade determina-se, emquanto á pessoa, pela edade; e esta prova-se pelo respectivo registo de nascimento. N'estes termos, ou elle existe, ou não; se existe, a questão, que se póde ventilar ácerca da capacidade dos contrahentes, é facil de resolver; e tanto o juiz como os jurados são aptos para julgar esse facto, pois que assim é elle claro, simples e evidente. Quando não ha documento, quem é mais competente para averiguar se a pessoa tinha capacidade, — um só homem ou alguns? Votemos pelo

64

tribunal collectivo, porque n'este caso hão de ser adduzidas testemunhas; e, se um juiz póde apreciar os seus depoimentos, muito melhor deve ser feita essa apreciação por oito ou dez jurados. Se um homem, dos juizos que faz, acerta o maior numero, é certo que erra alguns; e assim, se de tres juizos acerta dois e erra um, estará em opposição com a verdade um terço das suas decisões; pelo contrario, se se confiar a decisão do facto da maioria dos votos de certo numero de juizos, por via de regra, passa a dita decisão sem pagar tributo á fraqueza da razão humana; porque, ainda na hypothese figurada, em que se deve suppor em erro um terço dos juizes, não pódem os votos d'estes, pelo seu diminuto numero, empecer a rectidão do julgamento.

Acceitemos agora o adduzir-se em juizo que um individuo celebrou certo contracto, e não estava *compos sui;* isto é, que não estava no estado normal de suas faculdades mentaes, e assim que era incapaz de governar sua pessoa e bens, e portanto de fazer contractos. N'essa hypothese, ou se trata de contractos celebrados depois da sentença de interdicção registada, publicada, e tendo passado em julgado, e n'este caso tão competente é o juiz de direito como o jurado para julgar esse facto, pois que a sentença tira todas as duvidas; — ou se trata dos actos e contractos celebrados pelo interdicto antes da sentença; e como só pódem ser annullados, provando-se que a esse tempo já existia e era notoria a causa da interdicção, ou era conhecida do outro estipulante, então os jurados são os mais competentes para decidir esse facto, porque são os visinhos dos contrahentes, e d'este modo melhor que o juiz pódem avaliar essa incapacidade.

Emquanto á veracidade, isto é, á carencia de erro ou dolo, como, na mór parte dos casos, esses actos são do

9

fòro interno e nem sempre deixam vestigios salientes, mas apenas alguns indicios, é indubitavel que um jury tem mais competencia que um magistrado para os julgar; e assim deve elle ser chamado para o fazer, e não o juiz de direito. Este acto é na verdade melindroso; é necessario argumentar com a moralidade dos contrahentes, com os acontecimentos da sua vida passada, com os actos da sua vida presente; e quem melhor o póde fazer do que o jurado que os conhece?

O facto do nascimento, ou parentesco, é o fundamento da transmissão por titulo gratuito; mas, para se provar, na falta de documentos legaes, que tal homem é filho d'aquell'outro, ha immensa difficuldade; e n'este caso, repetiremos, e mais convencidos, um jury deve preferir para julgar esse facto. O juiz hade seguir as exterioridades contra a sua consciencia. Já a Ord. liv. 3.º tit. 66, mandava julgar os feitos civeis pela prova feita, embora fosse contra a verdade e consciencia do julgador: o jury toma as exterioridades em consideração, mas salva a sua consciencia, porque acima das formulas põe a verdade.

É certo que a natureza foi acautelada e altamente mysteriosa no facto do nascimento; mas tambem é certo que o fructo tem em regra o caracter da sua origem. O filho reflecte nos gestos, na physionomia, na voz, na intelligencia, ás vezes em pequenas minuciosidades, senão no todo, pelo menos em parte, a vera effigie do pae. Poderá um juiz fundamentar a sua sentença, declarando que o A. falla como o asserto pae, que tem a sua physionomia, os seus gestos, a sua voz? Não. Mas um jury, sim; declara procedente a acção, sem referir os motivos. Os motivos conhece-os elle de sobra, pela pratica da vida e pelas suas relações sociaes. Se não forem todos os jurados, serão alguns.

66

Agora virão dizer : — hoje, á face do codigo civil, não se admitte a acção de filiação natural. É uma verdade, ainda que n'este ponto achemos injusta e contradictoria a doutrina do codigo. Injusta, porque temos de lembrança as palavras eloquentes de Julio Favre, quando dizia tal determinação do codigo civil francez uma nodoa indelevel na civilisação moderna : — era conceder ao sexo mais forte o odioso privilegio de abusar de uma creatura fraca, expulsando-a em circumstancias dignas de lastima, depois de a ter considerado um instrumento de prazer ; contradictoria, porque no mesmo codigo, em que se prohibe a acção de filiação, se permitte a de alimentos, intentada pelos filhos illegitimos ; permittindo-se agora o escandalo, a que ha pouco se queria obviar.

Mas perguntamos : não é pelo codigo permittida a acção de investigação da maternidade ? (artigo 115.º) E quem é mais apto para conhecer d'esse facto, o juiz ou os jurados ? São com certeza os jurados, e já temos dito de sobra as razões porque.

Além d'isso, não admitte o codigo a investigação de paternidade, existindo escripto do pae, em que expressamente a declare ? (artigo 116.º) Ora supponhamos que esse escripto é um documento falsificado. O que devemos querer ? — que o juiz commetta uma injustiça, decidindo-se por esse documento, ou que os jurados, que conheceram o pae já morto e sabem que nunca teve tal filho, deem uma sentença justa ácerca do facto ? Deseja-se com certeza este segundo expediente ; e, sendo assim, devem ser admittidos os jurados. Mais ainda : não se intenta muitas vezes a acção de filiação legitima, faltando a prova dos registos do nascimento, ou qualquer outro documento authentico, mas baseada sómente na posse de estado provada por escripto ou por testemunhas ? (art.º 114.º). E n'este ultimo caso, quem é mais competente para julgar essa posse de estado? É com certeza o jury, e não o juiz de direito.

Assim, em face do codigo civil, entendemos que o jury deve ser chamado para julgar da certeza dos factos, a que a lei attribue direitos. Os que consideram a justiça lei e vida das sociedades, devem acceitar estas ideias; de outro modo pouco valerá a grande reforma da nossa legislação civil, se pela deficiencia das leis adjectivas, ella fôr de menos justa applicação.

Discurso pronunciado em Santarem, junto á sepultura do marquez de Sá da Bandeira. — A 10 de janeiro de 1876.

enhores: — Vae esconder o tumulo a um be-nemerito. O momento é triste.

Tudo o testemunha: estas manifestações, de respeito, este sahimento funebre, luto grande de um povo, que aqui manda a palavra fervente dos seus melhores oradores.

Teem as nações as suas epopeias; egualmente o seu direito, a sua religião, os seus heroes.

Fieis representantes do pensamento que domina um seculo, são elles realmente que o definem; e, quando aqui chegam, vemol-os escoltados de lagrimas e saudades.

Eis a razão d'este solemne apparato funeral, tristeza d'uma causa que pranteia o seu mais illustre soldado, que por ella andou na refrega dos combates e na refrega das ideias.

A par de taes manifestações desmaiam as glorias antigas.

Escreve a historia ácerca de portuguezes illustres; mas aquelle que hoje choramos foi dos maiores, porque era *humano*.

O amor do proximo engrandeceu-lhe todas as virtudes, e foi o seu pensamento bom nas horas difficeis da lucta, quando brandia a espada, e quando floreava a penna ou a palavra.

Homens dos que hoje acompanhamos ao tumulo, são *benemeritos*.

Ser benemerito é comprehender que uma superior intelligencia impõe ao privilegiado, que a possue, um fim serio a cumprir.

Não é bastante ser illustre, encher o mundo da poeira luminosa da gloria, acorrentar a fama, e causar universal admiração; mais alguma coisa é mister: — ser justo, bom e generoso.

Ha uma bondade negativa, que consiste em não fazer o mal; ha uma outra positiva, que manda fazer o bem e affirmal-o em todas as acções humanas.

O marquez de Sá da Bandeira foi um d'estes benemeritos.

A causa da humanidade em suas aspirações as mais alevantadas, foi o pensar constante da sua vida; e que elle defendeu, ou indo no encalço das aguias que, já feridas, derivavam o vóo para a França, ou sellando com o sangue, no alto da Bandeira, as liberdades patrias; ou abrindo horisonte largo á nossa instrucção publica, ou quando abolia a escravatura nas colonias, e no exercito os castigos affrontosos da dignidade humana.

Propugnador do direito e liberdade dos povos, combateu por essa causa justa contra todos os predominios, quer elles viessem do estrangeiro, quer dos governos pessoaes.

Differente de outros homens illustres, a quem a adversidade, as paixões humanas, ou a precoce decrepitude obrigaram a abdicar, elle conservou o seu posto, desde os annos formosos da adolescencia até aos serenos dias do occaso da vida.

A historia nem sempre offerece taes exemplos.

D'esta terra saiu outr'ora um ousado aventureiro, o Bayard portuguez, D. Nuno Alvarez Pereira; que, depois de ter ouvido o seu nome invocado em guerra no espedaçar cruento de mil combates, se foi triste e abatido recolher ao cenobio de seus frades carmelitas, [1] onde morreu.

Carlos V enche tambem a Europa com a nomeada de seus triumphos e imperio; mas, antes que se lhe apague a luz da intelligencia, despe as grandezas do seculo, e remette-se a silencio ignorado no mosteiro de S. Justo.

Alexandre I, que precipitou o fim ao maior capitão do nosso tempo, elle que erguera a santa alliança e presidira a congressos de reis, entristecido, talvez, por haver supplantado a homem tão superior, parece que foge a suas amargas recordações, e minado de tristezas apressa a hora do passamento!

É que, senhores, a taes homens não é bastante a gloria dos combates e as grandezas do mundo; é-lhes mais: — a grandeza do bem.

Bernardo de Sá Nogueira tambem o rodearam todas as grandezas. Heroe no campo das batalhas, engrinaldou a fronte de coróas civicas; dos primeiros foi, governando o Estado e regendo pelo pensamento o mundo das ideias; mas, como a todos os seus actos e palavras lhe respondiam a generosidade do espirito, a elevação das convicções, e a

---

[1] — O convento do Carmo em Lisboa.

sympathia pelos soffrimentos humanos, foi elle um homem verdadeiramente benemerito; e a paz da propria consciencia deu-lhe bella e tranquilla morte.

A emancipação dos negros, tal o nobre empenho a que devotou os ultimos quarenta annos da vida (desde o decreto de 10 de setembro de 1836 até á lei de 29 de abril de 1875) ; e, ao vel-o realisado, o veneravel ancião sentiu-se pender a cabeça ao tumulo e morreu.

Foi a sua ultima acção de humanidade e justiça : e tão grande que, visto já não caber em homens o agradecer-lh'a, chamou-o Deus a si para o recompensar.

Descance em paz.

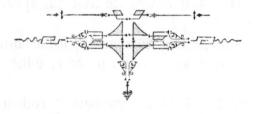

Discurso proferido em honra de José Leite Ribeiro Freire.
—26 de Julho de 1876.

(EM MONTE - SÃO)

inhas senhoras e meus senhores: — Fez dois annos que não tornei a esta casa, a que me prendem os laços intimos do sangue e dos affectos. Duas vezes já aqui reuniram em festa annual os nossos parentes, e eu não vinha na sympathica peregrinação!

Agora é que me estou refazendo de tal ausencia. É que a vida não a aferem os aunos; mas os sentimentos, alegrias ou dôres a dilatarem-se, quer pela saudade ou quer pela lembrança.

N'estes logares, visitados de tanta memoria honesta, quanto de recordações para mim, que n'elles vi desenrolarem-se-me os encantos da adolescencia e da juventude!

Quanto?

As noites de estrellas, as campinas reflorecidas na primavera, as formosas frondes das arvores, bellezas e jubilos da natureza, a casarem-se ás alegrias e alvoroços de uma outra edade, tão regorgeada de cantares e bafejadas auras:—tudo se me espelha fielmente agora.

Ainda ouço concutir o ladrar compassado do corpulento mastim, pelos serões nevados do hynverno, ou pelas silenciosas e tranquillas noites do verão; quando a madre-silva me trazia á alcôva, com o alvôr matutino, o polen fecundante e perfumado da vida!

Parece-me ainda que estou vendo o alentado castanheiro, que se plantou ao nascer minha mãe; e, como se fôra hoje, a este meu tio e amigo, o senhor da casa, onde veio esconder-se, qual cenobita em êrmo, a fallar-nos linguas novas na descripção das civilisações antigas, então que, airoso e juvenil regressava de suas viagens pela Europa. Tudo se me aviva, senhores; e até aquelle retrato, o de Cypriano Ribeiro Freire, com sua cabelleira empoada, encostando o rosto á mão; e a miniatura em marfim de sua formosa e encantadora mulher, que, atados os cabellos á uma fita, prendia a attenção com o riso travesso de seus labios, as sympathias com a graça de seus aunos, a todos incutindo respeito, saudades e pesar, porque houvesse morrido creatura tão perfeita, e que a mim, eu lhe desculpava as suas ideias realengas, á conta da sua graciosidade.

Eis as recordações do tempo que foi, antes de apagar-se-me a lampada da innocencia, e que viesse frouxo o rutilar das estrellas, cabidas aos pés as fenecidas flôres da juventude. Taes são as que ora me traz este festival, em que se revivem cada anno queridas remeniscencias de avós, deuses lares occultos na sombra, a espreitarem-nos de riso benevolente.

D'elles vejo em tudo a inspiração; e a todos sobrevem a d'aquella senhora, que ultimamente nos deixou, legaudo-nos, para que a emitassemos, sua memoria escoltada das candidas virtudes, com que foi urdindo a teia da vida. É tudo isto o que robustece uma familia.

E em parallelo não se me offerece melhor exemplo que o dos restos vivos da estirpe Bonaparte, quando no exilio depois do temeroso naufragio do imperio. Entre elles, figura principal, a mais tragica, era uma senhora, que, na proscripção desde 1815, agonisava lentamente no palacio da praça de Veneza, em Roma. Ali mesmo, vergando ao peso de seus annos e ao maior de suas lembranças, era o centro convergente das attenções respeitosas de toda a Europa, e de todos os seus: fallo de Laetizia Ramolino.

É porque a augusta matrona, que tanto havia perdido, até o ultimo Cezar, o maior de seus filhos, no desterro guardava a auctoridade moral da educação que seu alto espirito soubera dar-lhes.

Aqui trago o seu vulto, ainda que magestoso, á beira d'esta meza regorgeada de risos alegres e saudações festivas, porque em José Leite Ribeiro Freire, anachoreta voluntario n'este seu êrmo, tambem povoado de bellas e nobres lembranças, egualmente se accumulam grandes affectos e grandes recordações. [1] Eis porque, e tantos são os

---

[1] José Leite Ribeiro Freire, tio materno do auctor d'este livro, é descendente de Cypriano Ribeiro Freire, varão illustre, que o melhor de 42 anuos consagrou á nação portugueza, servindo-a em tempos difficeis, e em cargos da maior responsabilidade.

Alguns traços da sua biographia para cohonestar a affirmação:

Cypriano Ribeiro Freire entrou na vida publica, aos 20 annos. Em abril de 1771 o enviava o marquez de Pombal a Londres, onde, como secretario da embaixada, se houve de tal arte, que o nosso plenipotenciario, residente n'aquella côrte, Luiz Pinto de Sousa (1º visconde de Balsemão), escrevia para Lisboa, agradecendo o terem-lhe nomeado aquelle secretario, como util e de grande prestimo para o bom desempenho que havia tido o cumprimento da sua ardua commissão.

motivos, a pedirem-me que o saúde reverente, fazendo-me n'este instante o interprete convencido dos votos de todos nós.

Foi isto poique, a 3 de setembio de 1783, o vemos entiegue da embai-xada, na qualidade de *encairegado de negocios*; e ainda na côite de Londies em 1788, mas já então como iepiesentante do nosso paiz.

De iegiesso a Lisboa, em 1791, confiaram-!he n'esse anno dlfferentes tia-balhos diplomatico-politicos no ministeiio dos negocios estiangeiios, dos quaes foi paite o conceito da nova missão dos Estados-Unidos da Ameiica, paia que fôra escolhido desde 1790.

Para ali paitio no anno de 1796 com o caiactei de `ministro residente`, passando a ministio plenipotenciario junto dos mesmos estados, em 1799.

Nomeado, a 6 de janciio de 1801, enviado extraordinario e ministio ple-nipotenciario paia a côite de Copenhagne, não chegou a tomai posse do lo-gar, poique os successos da Hespanha, n'aquelle anno, obiigaiam o goveino de Lisboa a mandal-o a Madiid, onde teve negociações, na qualidade de mi-nistro-plenipotenciario, com Luciano Bonapaite e o Piincipe da paz.

Residiu n'aquella côitè até 1805.

Em 1808 o designou Junot paia a deputação de Bayona; mas, poi sua firme escuza se evadiu a tal commissão, regeitando caigos e honias, que aquello gencial, então goveinadoi do ieino, lhe offereceu em nome do impe-iadoi dos franccezes.

Vindo a iestauiai-se Poitugal em 1808, foi Cypriano Ribeiio Fieiie no-meado, a 25 de setembio, ministio da fazenda (inspectoi e piesidente do ieal eiaiio); e logo a 26 lhe confiaram egualmente o ministeiio dos negocios ex-trangeiios.

A 20 de outubio de 1814, contando 65 annos, de novo o escolheu o go-veino poituguez paia enviado extraordinario e ministio plenipotenciario na côite de Londies, onde se encontiava ainda em 1816.

Em outubio d'este anno teiminava o illustie diplomata a commissão de que fôra incumbido, e tambem a sua longa e difficil caiieiia, não sem que antes lhe houvesse significado o rei, em diploma de subida meicè, muito aprasimento pelos seus ielevantes seivicos.

Eram coiiidos vinte e ties dias de julho de 1825, que no templo de Nossa Senhoia dos Remedios dos Caimelitas descalços de Lisboa, se cele-bravam as exequias de Cypriano Ribeiro Fieiie. Falleceu a 4 do mesmo mez, na edade de 76 annos. Qual se vê no seu ietiato, era homem de elevada estatuia e iobusto. De naiiz aquilino, os olhos descaiam-lhe paia os cantos, em phisionomia intelligente tendo a expiessão de quem escuta.

Negociadoi politico de iaia piudencia, egualmente lhe eiam familiaies os

Felizes aquelles, que em vida enterraram seus·esforços e suas riquezas em um tumulo ideal : — n'uma esperança ou n'uma convicção.

problemas sociaes e economicos. É o que traduzem os documentos diplomaticos, que se encontram no archivo do ministerio dos negocios extrangeiros e na Bibliotheca Nacional de Lisboa, bem como a sua correspondencia com as principaes corporações scientificas da Europa e da America.

Amantissimo da *Academia real das sciencias de Lisboa*, até lhe acudiu dos proprios haveres, quando em 1822 as côrtes lhe reduziram a dotação ; caso de louvor, pois é certo egualmente a elle o haviam esbulhado de seus vencimentos e· elevados empregos.

Leal ao antigo regimen, a que se devotara, Cypriano Ribeiro Freire serviu o seu paiz, emquanto aquelle dominou ; e tanto nos tempos prosperos, como depois n'esses que se lhe seguiram criticos, em que o manejo das negociações não podia deixar de ser arduo e complicado. Quando se não encontrava nas enviaturas ás côrtes extrangeiras, onde residiu com o caracter diplomatico, era certo na presidencia dos differentes tribunaes e institutos superiores, onde se discutiam interesses commerciaes, economicos e scientificos. Em todos os cargos deu sempre boa copia de si.

Fr. Alexandre do Monte Carmello, no panegirico que faz da sua vida, robustece o que vae dito, pois adduz que Cypriano Ribeiro Freire enviara ás academias extrangeiras, de que era socio, repetidos esclarecimentos. O que é confirmado pelo auctor da *Exposição das suas exequias* a pag. 17, nota, quando diz : — «A immensa multidão, que existe de manuscriptos de sua excellencia sobre differentes ramos do commercio, inventos e outros estabelecimentos de industria e artes, etc...., e em correspondencia com as academias de que era socio, comprovam n'esta parte a asserção do sabio orador.»

Veja-se o *Elogio historico de Cypriano Ribeiro Freire, recitado na assembléa publica da academia real das sciencias de Lisboa de 15 de maio de 1838*, pelo conselheiro José Maria da Costa e Sá, socio da mesma academia. Typ. da Ac. 1842. E egualmente : — as *Gazetas de Lisboa* de 1791 ; — o Supplemento á *Gazeta de Lisboa*, numero XXVII de 14 de Julho de 1797, art. Lisboa ; — o discurso de Cypriano Ribeiro Freire sobre a fazenda publica na *Gazeta de Lisboa* de 15 de novembro de 1808 ; — a Exposição de 28 de setembro de 1809 feita a D. João VI ; — o *Correio Braziliense*, de outubro de 1816 ; — o discurso historico da Academia real de 27 de junho de 1823, p. IV, t. IX das suas memorias, etc.

O seu retrato e o de sua mulher, ambos a oleo e de tamanho natural, encontram-se em Monte-São, na casa solar de José Leite Ribeiro Freire. O auctor d'estes breves apontamentos possue, mercê de sua mãe, a formosa miniatura de que falla no texto

Discurso pronunciado na Sociedade. de Geographia de Lisboa, a quando o jantar offerecido em honra do explorador o major Serpa Pinto : — 17 de junho de 1879

enhores : — Levanto-me a saudar o acontecimento que hoje une em convivio de festa os homens mais illustres do paiz ; — celebrados nas lettras, nas artes e commercio d'este povo, que, de sobra o tem mostrado, palpita sempre de juvenil enthusiasmo pelas nobres acções.

Vemos aqui os chefes visiveis do maior poder espiritual d'este tempo : — a sciencia. Significativa é a manifestação ; traduz o jubilo e alvoroço nacional, pelo feito que tornou redivivas as tradicções dos homens, que deram á renascença as grandes descobertas geographicas ; e que aos dominios da observação abriram horisontes novos, por onde o nome portuguez creou gloria immarcescivel, enriquecendo o genero humano.

N'esta casa, reunida a Associação de Geographia, na capital de um povo, que tem por supremo chefe politico um almirante, e que, fronteiro d'Africa, foi elle que a descobriu e civilisou [1]; em tal logar e n'este paiz, a manifestação, que tenho a honra de compartir, é consciente e perfeitamente defiuida.

Responde ao actual momento da sociedade portugueza; que, forte de seu governo representativo e de seus novos codigos, os mais liberaes da Europa, trata de alargar a sua vida politica e social, levando a civilisação ás colonias.

Senhores:—Atravez do Mediterraneo espreitam-se dois mundos.

De um lado fica a Europa,—o mundo industrioso e revolto, da philosophia, da democracia e da liberdade; do outro, a Africa,—o mundo do mysterio!

Os tres mares, que banham o negro continente, ao norte, a oeste e a leste, desde os estados berberescos até ás costas do Zanzibar, encontram a civilisação europeia nas suas margens.

No interior domina o silencio.

É aqui o centro tenebroso do desconhecido.

Chama-se ao septentrião o deserto do Sabará, o maior do mundo, bacia dissecada de antigo e vasto mar; mais a meio a Nigricia meridional, região dos grandes lagos, que vae do equador até 18 gráos de latitude sul; tendo ao nor-nordeste o Sudan; ao oriente as possessões portuguezas, o Zanguebar e o paiz dos Somalis; ao sul a Ovampia e a Cafreria; ao occidente a Guiné austral.

---

[1] É hoje facto averiguado, que foram os portuguezes os primeiros que descobriram a Africa, desde a Berberia até aos confins do mar Vermelho.

São dois colossos, dois enormes silencios, o do deserto e o das aguas; susceptiveis, porém, de uma grande voz: — a civilisação.

Ao primeiro ella virá, quando o isthmo de pouco mais de tres leguas, que separa o seu ultimo lago salgado do golpho de Gabes, — a pequena syrte dos antigos, fôr cortado: então o deserto tornar-se-ha um appenso do Mediterraneo.

Ao segundo, quando os trabalhos encetadós na zona superior d'aquella região pelos exploradores europeus e americanos, Baeker, Livingston, Stanley, Schweinfurth e Cameron, e na inferior pelo ousado portuguez, o sr. Serpa Pinto, nos derem a conhecer o seu systema hydrologico, os accidentes orographicos, a ethnographia, a fauna, a flora, o clima, a riqueza emfim d'esse mundo, em grande parte enigmatico.

Empenham-se no esforço as nações mais cultas da Europa: — a Inglaterra, a França, a Italia, a Allemanha e Portugal.

É uma cruzada civilisadora.

Na Africa já estão em esboço todas as formas governativas, desde as republicas de Liberia e do rio Orange, até ao regimen patriarchal, federal e absoluto.

Alli se encontram os homens das duas familias da raça branca: — os aryanos ou indo-europeus, que possuem a noção de justiça, o sentimento da liberdade, e o enthusiasmo sincero do bello e do bem; e os semitas, que, ou no deserto, ou sedentarios nas cidades, manifestam sempre a propria ambição, ás vezes em aventuras brilhantes, ephemeras, todavia, faltando-lhes as faculdades creadoras, que alimentam as civilisações.

Alli se encontram as diversas côres da raça negra: — os elegantes *yolofs*, os mais escuros; os intelligentes *man-*

dingas, os mais rapaces; os *fellatahs* e *achantis*, os mais poderosos e polidos; os *cafres*, sagazes e robustos; os *hottentotes* que são feios e faltos de intelligencia.

Alli erguem sens altares as differentes religiões: — o christianismo, o paganismo, o fetichismo, o mahometismo, o mozaismo; fallam diversas linguas; são diversos os costumes.

Alli vivem 206:000.000 de almas, que a sciencia, em nome da civilisação, tenta mudar em 206 milhões de irmãos.

É custosa a empreza.

Ha a combater o clima, os animaes selvagens, os homens-feras, e tantos obstaculos, que a natureza, em sua virgindade terrivel, quasi indomita, ostenta por toda a parte.

São indispensaveis a força individual e a collectiva: — homens intrepidos, que tenham a abnegação do apostolo, a fé do missionario, o desprendimento do sabio e o estoicismo do martyr; e governos intelligentes, de rasgada iniciativa, que dêem impulso ao trabalho individual, construindo linhas ferreas, abrindo canaes, erguendo telegraphos, derramando a instrucção finalmente, para conduzir a novas condições de vida os povos e as riquezas d'essa Africa, a que os antigos chamaram — *portentosa*.

Portugal, iniciando a immensa cruzada pelas extraordinarias navegações e travessias, que fizeram seus filhos intrepidos (1434-1497), vemol-o ainda agora, como deve, acompanhando, á frente dos grandes exploradores.

Um homem arrojado, em nome da sciencia, acaba de trilhar o caminho, que os nossos missionarios abriram em nome da Cruz.

A travessia de Benguella a Pretoria, viagem de perigos e temeraria, acaba de ser realizada; e aqui pois mais um élo na cadeia das tradições gloriosas d'este povo. Conseguiu-a o sr. Serpa Pinto.

Permitti que falle d'elle.

Senhores: — Eu sinto-me admirado, absorto, cheio de respeito, em frente dos homens a quem domina uma forte convicção, e que, enfeudando-lhe a propria vida, combatem as maiores desgraças, luctam, e vencem.

E, se não vencem, acode-me a logo uma grande magua, dôr profunda, pensando no que elles poderiam conquistar.

De mim para mim, podem mais ainda do que o sabio theorico das escolas, ou o artista laureado das academias. A estes, ajuda-os a civilisação com os seus livros, documentos e artes. Áquelles, fortalece-os a intima coragem e a lucta heroica.

E são maiores, errando pelos desertos e pelas selvas; combatendo mares, rochas e ventos.

Surprehendem-me!

Na cumiada das serras afrontaram o sol; viram o vóo altisono das rapinas; sustou-lhes a circulação o rumor das florestas e o trovão das cataractas; observaram o condensar das nuvens pelo vapor das aguas; e as aguas, mudando o aspeito á passagem de cada nuvem.

Progrediram com as forças nativas da propria liberdade; não ao uso do cidadão civilisado e regido por uma lei positiva; antes sim pelo modo das aves, atravessando a amplitude do espaço, procurando em vão os limites da natureza.

Em toda a parte se respira e ama.

Em qualquer zona do mundo se encontra a sombra de uma arvore, a fresquidão de uma fonte, o tepido calor do sol, e até o doce ambiente do lar. Mas não é a arvore que nos frondejou o berço, nem o arroio que alinda os campos onde borboleteámos a infancia; não é o saudoso tecto onde recebemos a benção de nossos paes.

Quem aprôa a morte, abandonando isto, tem vontade mais que varonil; e, se adquire ser vencedor, só lhe é recompensa: — a gloria.

A vida é lucta incessante; a gloria é o premio dos combates heroicos.

Na verdade, deixar os recursos da civilisação pelas tristuras de um paiz, de clima inhospito, de vida asperrima, de instante perigo, de morte eminente; e tudo soffrer no alargamento dos dominios conhecidos da terra portugueza, já na sciencia, já na fama; o homem que não treme ao arriscar a vida e futuro de tudo o que lhe é caro n'este mundo; e que effectua o trajecto aventuroso de uma a outra costa, do oeste para éste da Africa, — é credor dos maiores enthusiasmos e de uma recompensa especial, por maior que ella seja.

Eis o porque d'estas saudações, que traduzem o intimo preito ao valente descobridor, e são egualmente um manifesto politico, imprescriptivel, inalienavel, n'este povo; que, tendo-se affirmado em todos os ramos da actividade humana, precisa de erguer bem alto a seus feitos, para que se não continue deprimindo-o nos livros, nos congressos diplomaticos e nas chancellarias das côrtes.

Taes manifestações são protestos; e valem mais que as publicações em lingua portugueza, lingua sabida de poucos, apesar de ser fallada em muitos dos mais longes sertões da Africa.

Já sobeja quem affirme, deverem ser as nossas colonias expropriadas por utilidade publica; dizem-no lá fóra, sem ao menos recordar a historia portugueza, e os grandes esforços, que temos feito modernamente na civilisação das nossas possessões.

Lancemos o véo a tanta injustiça.

Senhores : — Vou terminar o meu brinde evocando uma recordação.

Eu vi, ha uns dez aunos, um homem ainda moço amparando pelo braço a uma senhora já edosa, que procurava em uma das nossas mais bellas provincias o ar propicio á sua saude que lhe declinava.

Esse homem era o sr. Serpa Pinto; aquella senhora era a sua mãe.

Pesa-me não a ver aqui.

E eu, que sou pela immortalidade das grandes affeições, sinto-me n'este momento escutado por essa saudosa memoria, que todos os dias floresce nos actos de seu filho.

Discurso proferido na sala das sessões do municipio de Extremoz, a quando a inauguração da sua bibliotheca popular : — Abril de 1880.

(INSTRUCÇÃO, EMIGRAÇÃO E COLONIAS)

enhores: — Deputado ás camaras legislativas pelo vosso concenso unanime, já vos publiquei na imprensa os meus agradecimentos pelo subido preço, em que tenho a honrosa confiança, que me entregastes.

Agora, convidado pela digna vereação d'este concelho, para inaugurar a sua bibliotheca, affirmo d'est'arte, por minha presença e palavra, quanto me sinto dedicado á causa da instrucção do povo, por que envidei esforços constantes, alguns de proveito, ao caber-me a honra de ser vereador da camara de Lisboa.

Senhores: — Egual em modo procederei no parlamento.

Não desconheço, que é hoje missão espinhosa a do deputado eleito. Tão difficeis eu vejo as condições politico-economicas do paiz, que bem se relacionam com a vida geral da Europa.

Na Hespanha, ao terminar das festas pelo segundo consorcio de Affonso XII, apparece de novo o terrivel espectro das grandes commoções politicas.

Erma a tribuna hespanhola dos seus oradores mais eloquentes, Castelar, Martos, Echegaray, Carvajal, Sagasta e Romero Ortiz; supprimidos os jornaes desaffectos ao governo; desacreditados por elle os homens mais liberaes da peninsula; demittidos dois mil duzentos e quarenta e nove officiaes do exercito de todas as graduações; comprehende-se, apesar de abolida a escravatura na ilha de Cuba, que está eminente uma nova revolução, que póde levar nas suas ondas revoltas a coróa da nova dynastia, ainda ha pouco entretecida de flores.

Na França prometteu o governo, pela voz auctorisada de Gambetta, organisar em bases novas a instrucção, as finanças, o exercito e a magistratura.

Mas o elemento irrequieto da população franceza, pedindo pelos tribunos revolucionarios a amnistia geral para os deportados da *communa*, e pelos oradores catholicos reagindo contra a lei do ensino, a lei Ferry, lança na eira politica as messes da discordia, da qual, sem duvida, a Republica sahirá victoriosa, mas sacrificando, quem sabe? mais de um ministerio.

É certo que o ministro da instrucção publica, apresentando uma lei, que restringe a liberdade de consciencia, compromette o governo, porque lhe vae alienar os homens de crenças arreigadas, logoque exclue systematicamente do ensino o elemento religioso. Por egual acorda as paixões, o que é sempre um mau passo á governação.

As propostas da maioria ameaçam a magistratura, pedindo reformas radicaes, cujo effeito, lesivo a tantos funccionarios, trará immensos descontentes, e grandes difficuldades á Republica.

O conselho municipal de Paris, apoiado no parlamento, faz relatorios para se avocar as egrejas, reclamando a suppressão do orçamento dos cultos; d'aqui diversas questões acrimoniosas, conflictos e tempestades.

O governo, que ataca opiniões individuaes, exigindo dos funccionarios não sómente a fidelidáde e o zelo, mas tambem a mesma politica, exautora-se com tal systema oppressivo, preparando o futuro tormentoso.

Um governo popular é o defensor de todos os interesses justos, de todos os direitos, de todas as garantias liberaes.

Frère Orban, na Belgica, tambem modificou o regimen escolar.

Até hoje o ensino religioso era obrigado nas escolas, de modo que ellas estavam debaixo da auctoridade directa e incessante do clero.

A lei actual, porém, tornou facultativo o ensino da religião; ou antes, deixou-o ao cuido das familias e ministros dos differentes cultos. Além do quê determinou, que nos estabelecimentos escolares houvesse logar idoneo, onde livremente podessem communicar a instrucção religiosa ás creanças de suas communhões.

E, supposto que a lei seja, como se vê, um limite e não uma exclusão, sublevou, todavia, paixões irreconciliaveis; acendeu guerra a todo o trance entre o partido catholico e o partido liberal; e poz em estado de revolução o paiz mais pacifico e mais civilisado da Europa.

Na Italia, o gabinete Cairoli-Depretis conta encerrar o periodo legislativo com a votação da lei eleitoral e a do imposto sobre a moagem.

A lei electiva novamente apresentada não é ainda o suffragio universal; mas amplia ó voto a um milhão e meio de eleitores.

A suppressão do imposto sobre a moagem é uma necessidade para a Italia, e um dos artigos do programma politico dos ministerios da esquerda; mas, como substituir a respectiva receita no orçamento, se um tal imposto dá sessenta a oitenta milhões de liras?

No entanto a suppresão é inevitavel; e o ministro das obras publicas, pedindo e obtendo da camara um credito de doze milhões para inaugurar trabalhos nas communas pobres italianas, demonstra, como se vê do proprio relatorio do projecto de lei, que n'aquelle paiz é grande a miseria das classes operarias.

Na Inglaterra agita-se a Escocia á voz de Gladstone, e a Irlanda por causa da questão agraria.

Não está liquidada a questão do Oriente.

Na America continúa a guerra do Chili contra a Bolivia e o Perú.

Na Russia os nihilistas tentam assassinar o Czar; e as ultimas proclamações pedem um governo livre.

Manifesta-se emfim por toda a parte grande inquietação geral, uma certa desconfiança nos espiritos; receios, hesitações d'um lado; do outro ataques á auctoridade constituida, sangrentas perturbações da ordem : — o que tudo nos denuncia sensivelmente que o estado actual da Europa não mantém o equilibrio estavel; vacilla, pende, e ameaça desmoronar.

Estão já no dominio publico os problemas da democracia, que pedem solução prompta. E são exactamente os que propendem, com a grande expansibilidade das ideias, a sobraçar o mundo.

Ao lado d'estes acontecimentos, prenuncio e signal de uma revolução latente, enxergam-se as maiores aspirações sociaes para a futura confraternidade das nações.

Aberto o isthmo de Suez, prepara-se a abertura do isthmo de Panamá, e pensam no córte do isthmo de Coryntho.

Vê-se que a humanidade nova, robusta e vigorosa, combate na arena pol-a civilisação.

Ser n'este momento representante do povo é grande honra, — e tambem grande responsabilidade.

O nosso paiz tem de acompanhar a geração pensante e militante da Europa, e de cumprir as suas reformas politicas e economicas, felizmente sem guerra civil ou fratricida, e sem combates, além dos incruentos da palavra.

Eleito por vós deputado, conheço a importancia dos meus deveres; e não me intimidam, porque, se não sinto em mim a força e a intelligencia para ser um tribuno dos novos e necessarios melhoramentos, não me desacompanhará nunca a firme vontade, que teem o poder de communicar as arreigadas convicções.

As minhas, tenho-as sinceras, eguaes ás d'aquelles que pedem instrucção e liberdade para o povo, ordem e justiça para a sociedade, não se restringindo ás ephemeras conveniencias que mandam guardar uma tradição inutil.

Seguindo-as, Portugal tem desde já a resolver tres grandes problemas : — pela escola, *educar os homens do trabalho;* por leis sabias e justas *sustar a emigração,* arteria rasgada, por onde se escôa o melhor do sangue do paiz; e finalmente tem de attrahir ao convivio civilisador dos povos cultos as *nossas possessões coloniaes;* a fim de que tenhamos individualidade, terra e importancia, que nos possam garantir os fóros de nação forte, obrigando a Europa a olhar-nos com a devida consideração.

Senhores : — Todos estes problemas demandam os maiores cuidados.

Os livros são os melhores conselheiros e amigos para formar o espirito e o coração; isto é, para educar o homem.

Eu tenho muita fé nos recursos do paiz, na renovação de suas forças productivas; mas o que, porém, desejo e quero, é affirmar hoje, mais do que nunca, a proxima necessidade de instruir a nossa gente, fundando escolas, abrindo bibliothecas, creando professores, melhorando o ensino por todas as formas, e fazendo sacrificios até para dotar a instrucção elementar e professional, de modo que augmente sensivelmente a capacidade productora do paiz.

Produzir, e produzir muito, é a primeira condição da existencia de um povo, porque só a grande producção lhe dará elementos de riqueza e de força vital, desenvolvendo e alargando continuamente o seu commercio.

Nem o credito se póde manter, sem que haja elementos tributarios, consequencia da riqueza nacional.

E poderá haver a riqueza, isto é, producção nos differentes ramos da actividade humana, sem haver escolas, sem que haja instrucção agricola, industrial e artistica?

Não é possivel. E por isso os Estados-Unidos gastam, só com a instrucção primaria, o dobro do que dispendem com todos os outros encargos do estado.

N'estas circumstancias hemos mister dos governos, dos districtos, dos municipios, das parochias, e dos particulares. É preciso considerarmos a nação em estado de sitio, em quanto se não resolver a grave crise da ignorancia publica.

Senhores: — Eu sou pela protecção ás nossas industrias nascentes; mas esta protecção não deve apenas limitar-se ás leis restrictivas; deve antes consistir no desenvolvimento do ensino, de modo que as industrias respirem força e vitalidade.

Protecção ás industrias, fundando escolas professionaes, abrindo bibliothecas de livros elementares e conformes á indole da producção de cada provincia; bibliothecas que não sejam só repositorio de livros, mas tambem de modelos de machinas, de apparelhos de construcção, de instrumentos de trabalho; em que se dê ao povo uma idéa, embora succinta, dos aperfeiçoamentos que modernamente transformaram as duras condições do labor industrial e agricola.

É assim que eu entendo proteger as industrias nacionaes: — facilitando e melhorando o trabalho individual, sem de forma alguma offender a esphera do trabalho collectivo.

Resolvidos os tres problemas — da *instrucção,* da *emigração* e o das *colonias,* — o nosso paiz, ainda que limitado na area material, poderá moralmente enfileirar com as outras nações, sendo elemento de civilisação europeia; e a sua autonomia não terá que receie de ambições estranhas, porque o tempo das conquistas violentas passou.

São estes os artigos do meu programma politico; a elle me obedecerá sempre a vontade no cumprimento das proprias obrigações de homem publico; e do que podereis ficar seguros, contando com vosso representante na assembléa legislativa, que é o centro, d'onde nos deve irradiar a luz da civilisação.

Discurso proferido na Camara dos Srs. Deputados, sobre
o projecto de reforma da instrucção secundaria: —
13 de março de 1880.

sta discussão, vae longa sr. presidente,
graças aos intuitos liberaes da camara,
e não menos ao seu acrisolado amor
pela instrucção publica.

É por isso que eu poucas palavras
direi sobre a materia; porquanto outros
de mais competencia n'esta casa teem lançado o peso da
sua argumentação no assumpto que se discute.

Começarei louvando, e com subido prazer, o sr. ministro do reino e a illustrada commissão, pela proposta de
lei, que trouxeram a este parlamento.

É um projecto bom na sua generalidade, é um progresso no ensino; e nem outra coisa era de esperar dos
homens proficientes, que formam a commissão.

Mas, sr. presidente. louvando o projecto que o sr. ministro do reino e a commissão de instrucção publica trouxeram a esta casa, sinto profundamente, e archive-se bem

este facto, que esta reforma fosse apresentada, sem a precedencia de outra, a principal, o assumpto momentoso e importante, que hoje prende a attenção publica: — da reforma da instrucção primaria.

E affirmo isto, não só porque a minha consciencia e o meu coração teem pendor natural para estas cousas do ensino do povo, mas porque, como v. ex.ª e a camara sabem, a instrucção primaria é a base e o primeiro élo da cadeia do ensino: não se póde discutir o ensino secundario, sem começar pelo ensino primario; não se póde chegar ao composto, sem passar pelo simples; não se póde alcançar a pluralidade, sem passar pela unidade.

Além do que, mal se póde conceber uma reforma do ensino, sem que se manifeste o plano a que elle tem de obedecer, e cujos traços geraes devem ser discutidos e assentes na reforma da instrucção primaria, que é a base geral de toda a sciencia.

A camara sabe que o ensino medio presuppõe a instrucção primaria; logo, aquelle não póde ser reformado, sem que esta seja definida.

E v. ex.ª bem comprehende que não se póde apresentar uma reforma em qualquer grão do ensino, quer no superior, quer no secundario, ou no primario, sem que previamente se tenha discutido, e de espaço, quaes as necessidades publicas, a que essa reforma vae satisfazer.

Como diz este relatorio (e excellente relatorio) da commissão, a instrucção primaria e secundaria mal se podem reformar, sem que a reforma seja uma satisfação, ou antes um *remedio*, para os males ou defeitos intellectuaes do paiz, para o qual esse trabalho é destinado.

Eis a razão por que eu digo que mal se póde explicar uma reforma de instrucção publica, sem que ella venha corresponder ás necessidades do povo, para que vae legislar.

E n'estas ideias chamo em meu auxilio uma grande illustração do nosso clero, e eloquentissimo orador d'este parlamento, o sr. Alves Matheus. S. ex.ª disse que a instrucção não póde ser importada de fóra; e tem razão.

Portugal não é a França, nem a Belgica. Tudo depende do meio sociologico, que entre nós é differente do meio sociologico da França, ou do de outro paiz.

Portanto, a proposta de instrucção que, documento legislativo, tem em vista acudir ás necessidades persistentes do nosso povo, precisa primeiro de conhecer essas necessidades para lhes dar satisfação.

O systema de instrucção da França e da Belgica não póde ser o de Portugal.

Eu sei que o homem é o mesmo em qualquer nação; que a natureza humana é identica em toda a parte; mas o que differe é a natureza sociologica, se assim me posso exprimir. Esta depende do meio climaterico, em que se vive; depende da situação geographica do paiz a que se pertence; depende do ideal que se fórma da vida; depende das tradições; e até dos preconceitos.

N'estas circumstancias, legislar para o paiz, importando leis do estrangeiro, não é por certo satisfazer ás suas necessidades.

V. Ex.ª, que é um distincto professor de direito, em cuja palavra tantos aprenderam, sabe que são estes os principios que a arte politica tem evidenciado, e que hoje, quando se trata de reformas de legislação, de reformas na instrucção publica, elles não podem ser esquecidos.

Não se pense que eu venho impugnar esta proposta de lei. Os assumptos da instrucção vivem superiores aos

13

programmas dos partidos ; são questões nacionaes. Assim o comprehendeu a camara, permittindo esta discussão ampla e aberta ; e egualmente o sr. ministro do reino e a commissão, alguns vogaes da qual assignaram esta reforma com declarações.

Comecei de louvar, e continúo louvando o sr. ministro do reino e a commissão de instrucção publica, porque ampliaram o programma de algumas disciplinas do ensino secundario, taes como a historia e as sciencias physico-naturaes ; — louvo-os ainda, porque alargaram o quadro do ensino com os estudos necessarios para os differentes mesteres sociaes e carreiras superiores, com a legislação civil, com o direito publico portuguez, com o direito administrativo, e o ensino da economia politica.

É um grande melhoramento introduzido na reforma da instrucção secundaria. É um melhoramento que afiança os principios liberaes do governo.

Todavia, devo declarar que me parece infundado o receio das doutrinas positivas ; e lastimo que elle inhibisse o governo de dar aos estudos historicos a feição sociologica e descriptiva, de que tanto necessitam. E declaro isto, porque esses estudos, os da sociologia descriptiva, são necessarios para crear o cidadão da epoca actual, o cidadão d'este seculo.

E accrescento, se póde aceitar-se uma cadeira de legislação civil, direito publico portuguez e direito administrativo, sem aquelle ensinamento tal cadeira não poderá ser comprehendida, e perderá o seu valor.

V. Ex.ª e a camara sabem perfeitamente que a historia, narração de factos, chronica de reis e de intrigas politicas e palacianas, explicando os grandes acontecimentos dos povos pelo casamento das princezas, ou pelo capricho dos imperantes, está hoje depreciada em todas as escolas.

Mal se póde formar o cidadão com estudos de tal ordem. E difficil conhecerá seus direitos e deveres, e os direitos e deveres de um povo, o que explicar a evolução da sociedade a que pertence, pelo capricho, pelo acaso, pelas intrigas.

Pois a historia, quando não é a sociologia descriptiva, é isto.

De como os povos conquistaram as suas liberdades municipaes; de como os estudos romanistas crearam o poder absoluto, que destruiu o feudalismo; de como o espirito humano se ergueu pela *reforma,* e discutiu no dominio religioso, social e politico, creando as sociedades modernas; de como todos os elementos sociaes teem a sua razão de ser na historia, e chegaram ao seculo xix formando uma transacção, a que se chamou o governo constitucional; de como o equilibrio de todas estas forças constitue a grande civilisação d'este seculo, onde se affirmam o elemento religioso, popular, aristocratico e monarchico, reunidos todos pelo tratado de paz, chamado o governo representativo; de como isto succedeu, produzindo em diversas epocas uma litteratura, artes, sciencias e costumes proprios; — tal é o assumpto da sociologia descriptiva, e o da sociologia comparada. Tal é o ensino de todos os institutos mais adiantados da Europa.

Estudo moral, convincente, e nada revolucionario. Razão porque me pesa não vêr estas ideias adoptadas no programma de ensino secundario do governo; e sinto-o, porque não se póde formar um bom cidadão sem um largo ensino historico.

E não póde hoje haver historia, que não seja esta.

O relatorio d'este projecto de lei chama revolucionarias as doutrinas positivas; e d'este modo lança para fóra do programma esses estudos, sem os quaes mal podem ter bom exito os melhoramentos que o governo operou nas disciplinas do ensino medio.

Sr. presidente : — O lemma que symbolisa, resume e explica as doutrinas positivas, não é a revolução ; o projecto chama-lhes revolucionarias, que não o são de certo ; o lemma não é a revolução e seus tragicos horrores ; é a evolução e seus progressivos triumphos.

Essas doutrinas são altamente conservadoras.

E sabe a camara o motivo por que as doutrinas positivas são conservadoras? É porque, acreditando sómente nas leis que regem as cousas e os phenomenos, obrigam o espirito pensador a elevar-se do estudo e respeito das leis naturaes, ao estudo e respeito das leis moraes e sociaes.

Ninguem dirá que tal estudo seja revolucionario. O homem, que forma convicções, a sua verdade, pelos estudos de observação, adquire titulos de seriedade e de independencia ; e por isso lastimo que esta reforma não fosse precedida da reforma da instrucção primaria, porque o ensino positivo começa hoje na escola elementar, e entra na educação da infancia.

V. Ex.ª e a camara sabem que houve na Suissa um homem modesto, que lá foi o apostolo do ensino, do mesmo modo que Francisco Bonivard foi lá o apostolo da liberdade. Foram dois grandes obreiros da causa publica ; e gratifica-me fallar d'elles n'esta casa dos representantes do povo.

Pestalozzi introduziu no ensino as lições sobre cousas, lições pelo aspecto, e ensinou o alumno a obter conhecimentos pela observação. Este homem util morreu em 1828 ; e, morto elle, as suas doutrinas, alargando-se e creando proselytos, foram implantar-se nas escolas inglezas e nas escolas americanas ; hoje, são do dominio da Europa ;

seguem nas escolas normaes de todas as nações; em algumas do nosso paiz, assim como nas do municipio de Lisboa, onde as vi professar, quando tive a honra de ser vereador da camara d'esta cidade.

A essas lições chamam exercicios de intuição; e são as mais proprias para o ensino, pois conduzem a intelligencia pela observação dos factos.

Não digamos que as doutrinas positivas são revolucionarias, porque essas doutrinas são tudo hoje.

Peço licença á camara para lhe tomar ainda por alguns momentos a sua benevola attenção.

O homem de hoje, o homem d'este seculo, não póde entrar na grande lucta pela existencia, no grande concurso das industrias, das artes e commercio, sem que tenha trazido da escola os estudos positivos. Se não os trouxer, acontecer-lhe-ha como áquelle imperador do baixo imperio, que, tendo deixado Byzancio para visitar a cidade das antigas grandezas, das velhas glorias e da decadencia assombrosa, Roma emfim, viu-se espantado, porque a magnitude d'aquelle emporio, ainda mesmo em ruinas, lhe assombrára o espirito.

Os nossos concidadãos, sem esses elementos positivos trazidos das escolas, permanecerão inermes e afflictos diante da civilisação do seculo; da grande concorrencia e labutar economico das industrias; ficarão, como aquelle imperador *de Bynzancio*, espantados, indo talvez esconder-se, podendo, no fundo de alguma secretaria, onde a vida é remançosa, onde não chega o bulicio do mundo, e onde o maior acontecimento é pór de manhã ou tirar á tarde a manga de alpaca, que lhes guarda o casaco de roçar pela mesa!

Eis o cidadão portuguez sem os estudos da escóla primaria ou secundaria, que são necessario para o homem entrar no grande movimento do seculo.

Não pretendo com isto deprimir a respeitavel classe dos funccionarios, que pelo seu intelligente e prestante trabalho provêem ao mechanismo administrativo e politico do paiz. O meu fim é chamar a attenção da camara para um facto, que ataca permanentemente o vigor industrial do nosso povo; refiro-me a emprego-mania. Faço este reparo, porque me parece, que o projecto que se discute, a favorece, fomenta, impulsa e dirige.

Senão vejamos:

Diz o art. 35.º: — «As cartas do curso geral e de bacharel (em lettras e sciencias) habilitarão para os empregos publicos, que as leis e regulamentos determinarem.»

Assim, tinhamos até hoje a concorrer aos empregos publicos os candidatos das provincias sob a egyde protectora e efficaz das grandes influencias eleitoraes; os filhos das classes superiores, cujos estudos ephemeros e brilhantes os inhibiam das profissões positivas; e os bachareis formados que não podiam entrar logo na magistratura judicial.

Por este artigo, d'aqui a futuro, teremos, além d'aquelles, mais os bachareis em sciencias e em lettras!

De modo que presentiamos que a emprego-mania se ia descuidando, que principiava a ter preguiça, que se ia deixando ficar para traz um pouco peninsularmente; e então tratámos de lhe dar impulso, vida, e alento... e creou-se para ella um artigo especial, o artigo 35.º O paiz terá a mais bachareis em lettras e sciencias!

Confesso que este art. 35.º nada valeria, se tivessemos em nossas fabricas nacionaes empregados competentes, e se os filhos dos nossos agricultores remediados não trocassem os campos pelas cidades com a mira nos empregos publicos. Infelizmente assim não succede.

Um cidadão prestante e entendedor de cousas agricolas, o sr. Ferreira Lapa, no discurso inaugural das aulas do curso de agricultura n'este anno lectivo, denuncia em profunda magna essa triste verdade, que é constante e permanente: — a deserção do que ha de mais nobre em intelligencias e em fortunas dos campos para as cidades!

Eu accrescentarei que não são apenas as intelligencias e as fortunas a desertarem; são as forças vitaes da agricultura, porque metade da população vive dos rendimentos do Estado, e a outra metade espreita o ensejo opportuno para seguir egual caminho.

Nós, que deviamos pagar a importação com os valores da nossa exportação, desertando essas forças vitaes da agricultura, vamos sobrecarregar o orçamento com encargos, que já hoje absorvem uma grande parte das receitas cobradas.

Esta deserção é um fomento de decadencia para o paiz.

Portanto, dar ao individuo da provincia elementos do trabalho, é crear o homem productor, é dar desenvolvimento á sociedade, e é, e deve ser, o grande *desideratum* da nossa instrucção publica.

— O sr. Laranjo: — Apoiado.

— O orador: — Vejo-me honrado pela adhesão do sr. Laranjo, cuja sinceridade de caracter e competencia n'esta materia eu muito respeito. E por isso continuo a pedir a attenção da camara, porque desejo mostrar que esta reforma da instrucção publica deve ser conforme ás exigencias publicas.

A camara sabe que continúa incessante, sem intermittencia, a sangria aberta no corpo do paiz: — a emigração; o exodo dos portuguezes para as terras do Brazil.

N'esta casa ha deputados do Minho e Traz-os-Montes, e elles pódem dizer, a esta hora em que estou fallando, se muitas familias, em cujos lares havia alegria, estão sentindo ou não o desalento e a miscria. Alli ha muitas mães, que perderam os filhos ; ha muitas mulheres cujos maridos emigraram.

E que desgraça não virá, se os poderes publicos, se nós, os representantes do povo, que temos obrigação de providenciar, ficarmos impassiveis perante essa grande doença nacional?

Ha no paiz duas emigrações : uma escondida e contra a lei, — a emigração dos menores ; outra legal é ás claras, — a emigração dos adultos, a dos chefes de familia. Qualquer d'ellas é altamente nociva ; leva-nos o melhor do nosso sangue.

E' por isso que nas provincias· do norte não se completam os contingentes do exercito ; e o subir dos salarios lança na ruina os pequenos agricultores, e vae empobrecendo os remediados.

E, se esta questão não vem a pello para ser discutida, eu trago-a a pello perguntando quaes são as causas d'essa emigração.

A primeira, a dos adultos, tem por base a mercancia dos engajadores com a ignorancia do povo ; depois emigram os menores, que vão esconder-se em paiz extrangeiro para escaparem ao recrutamento. E são refractarios, não querem manejar a arma, com que deviam defender o seu paiz.

A crise agricola é profunda por toda a parte ; os salarios são altos ; os humildes, repito, teem cahido na miseria ; os remediados vão em rapida decadencia ; tudo porque faltam os braços.

E faltam por quê?

Porque na escóla não ha exercicios militares, e os cidadãos, não sendo educados militarmente, teem horror ás armas, e fogem, desamparam a sua terra, depauperando-a ; porque na escóla não ha ensino professional, que abra facilmente a carreira das industrias e das artes; e o labor agricola, que só se melhora pelos novos instrumentos e processos no rude trabalho dos campos, multiplicando assim a producção, está apenas em começo entre nós; e longe, muito longe do ensino rural; — o que tudo incita o povo a engeitar a cultura improficua da terra para ir á cata de fortuna em climas inhospitos e mortiferos.

Factos são estes, para os quaes chamo a attenção da camara.

E poderia acompanhal-os da ultima estatistica criminal, feita pelo digno funccionario, o sr. Silveira da Motta, em que affirma terem ido ao banco da culpa durante 1878 —13:345 réos; d'elles que sabiam lêr apenas 4:099, e não sabiam lêr 9:245; que eram agricultores 5:485; e industriaes 4:669. De modo que 10:154 criminosos vinham das forças vivas da nação, a agricultura e a industria. E eis porque a existencia permanente e constante d'estes factos, de taes miserias, deveria trazer ao parlamento, aos poderes publicos, a convicção da urgencia de lhes applicar remedio.

Vamos, portanto, approvar esta reforma da instrucção secundaria, que sem duvida o governo nos offerece para acudir a tão grandes calamidades!

Para não afadigar a attenção da camara, não lhe apresento os documentos relativos á emigração. Não os cito, pois a camara bem os conhece. Mas tenho aqui a propria adhesão do sr. ministro da guerra, que se viu obrigado a confessar a ignorancia nos regimentos, e de tal modo, que não havia soldados com habilitação para as primeiras promoções, e que por isso creava as escólas regimentaes, como se vê da ordem do exercito de 31 de dezembro de 1879.

Mas, vou dar-me ao fim principal que me propuz. Este

14

projecto tem sido olhado por muitos modos; em quanto a mim vou afeiçoal-o pelo lado popular.

E digo que, á face d'aquelles acontecimentos e das expostas necessidades publicas, no projecto ha uma grande missão a cumprir, grandes miserias que remediar.

É por isso que nós, salvo o respeito a melhor juizo, não precisamos bachareis nas lettras e sciencias; o que precisamos é de homens competentes para as artes e officios e para a agricultura.

E então toda a reforma, que não crear elementos de trabalho, será esteril.

Ora, como é que este projecto responde ás necessidades que acabo de denunciar, que não inventei, mas que são factos incontroversos, tristemente reaes e verdadeiros, a pedirem urgente remedio?

O art. 2.º diz: — « A instrucção secundaria official será ministrada em institutos de tres classes: *lyceus nacionaes centraes, lyceus nacionaes, e escólas secundarias.* »

O relatorio d'este projecto de lei, quando trata de explicar a instrucção professada nos differentes institutos de ensino, diz: — « A instrucção média é ministrada em *lyceus nacionaes centraes,* que possuem a plenitude do ensino preparatorio para os estudos superiores; em *lyceus simplesmente nacionaes,* que preparam para todos os cursos technicos e profissionaes, ou sejam ecclesiasticos e militares, ou sejam agricolas, commerciaes, nauticos, etc., e tambem fornecem a habilitação geral indispensavel para as mais familiares situações da vida; e em *escólas municipaes secundarias,* nas localidades mais importantes pela sua população, riqueza e industria, e por qualquer outra causa attendivel. »

D'estas palavras do relatorio resalta conclusão:

As ideias são avançadas, encerram um pensamento altamente civilisador, que me encheu de jubilo, ao ler o relatorio; desappareceu, quando li o projecto de lei.

O relatorio diz : — « é creada nos lyceus nacionaes a escóla professional para os differentes cursos technicos, quer agricolas, quer commerciaes, ou para os differentes mesteres da vida social; » mas, quem lêr o projecto, fica desde logo comprehendendo não existir tal escóla, e que ficou abysmada na imaginação do governo, ou que ficará no abysmo dos regulamentos, o que é peior!

O art. 7.º preceitúa que o ensino dos lyceus nacionaes comprehende as oito primeiras disciplinas do art. 6.º; e o art. 8.º que o ensino das escólas municipaes secundarias comprehende algumas disciplinas do mesmo art. 6.º, podendo o governo ahi estabelecer uma ou mais cadeiras de ensino professional, sustentadas conjunctamente pelo Estado e pelo individuo ou corporação que as requereu.

Foi isto o que encontrei.

Assim, o ensino das linguas portugueza, franceza e latina, dos elementos theoricos de geographia e cosmographia, etc., (vide os n.ᵒˢ do art. 6.º) é o que o governo offerece para constituir a escóla professional; quer dizer: — a escóla professional, como está no projecto, não corresponde aos principios expostos no relatorio.

Não póde haver educação professional, sem que o ensino theorico seja acompanhado dos modelos, dos instrumentos de trabalho, das alfaias rusticas, emfim, das pertenças essencias para o estudo pratico.

É por isso que eu, no projecto que tive a honra de apresentar á camara, introduzindo o ensino professional nas escólas centraes adequadas ao fim a que ellas olhavam, não descurei a escóla pratica: o edificio, o estabelecimento necessario com os instrumentos indispensaveis para dar ao alumno, que frequentasse essas escólas, as noções precisas para poder entrar nas differentes carreiras sociaes.

Em minha opinião, a proposta do governo, que tinha a encher um vacuo — acudir ás necessidades publicas, estabelecendo largamente o ensino professional; dando ás industrias e á agricultura a força de que precisam, e que as circumstancias especiaes do nosso paiz urgentemente reclamam, — não attendeu essas necessidades, porque legislou, e bem, em outros assumptos, mas n'este foi deficiente.

A escóla pratica, que tão boa mãe era para o ensino professional, não existe!

Não venho dizer á camara, nem a v. ex.ª o que é uma escóla professional. Este parlamento é certamente dos corpos legislativos um dos mais illustrados, que teem vindo a esta casa: conta o nosso digno presidente e magistrados integerrimos, taes são os srs. Antonio José da Rocha e Manuel Celestino Emygdio, a cujo lado me encontrei no julgamento de uma causa celebre; advogados distinctissimos, como o sr. Alves da Fonseca e outros; emfim, homens importantes em todos os ramos dos conhecimentos humanos. Não é a estes que venho dizer o que seja a escóla professional; não é uma escóla de artes e officios, nem mesmo um centro de trabalhos braçaes; é uma escóla theorico-pratica, onde os principios da sciencia se vão aferir constantemente pelos modelos e instrumentos de trabalho usados na vida.

No art. 89.º do projecto de lei, que tive a honra de apresentar n'esta camara, até estabeleci nos districtos escolas professionaes para mulheres, onde indicava as machinas de costura, o ensino de cortar e talhar, e finalmente a educação domestica, d'onde sairiam excellentes donas de casa, e melhores esposas.

Senhor presidente, não dilatarei o assumpto, reservando-me para a especialidade, se houver tempo.

Terminando, devo dizer a v. ex.ª que esta reforma do ensino secundario se dirige á classe média. V. ex.ª sabe que esta classe sobre-excede ás restantes em grande vantagem, origem da propria força e progresso; é que se renova a cada momento. Filha de suas obras, do trabalho, recruta-se no povo; de modo que, á semelhança das grandes vegetações, absorve continuamente nova seiva do solo onde tem as raizes, e para onde vê abaterem-se-lhe as folhas.

Tal é a classe média.

E por isso necessitamos educal-a; e com o ensino adequado, porque, sendo hoje entre nós e em toda a Europa a classe dominante, deve possuir conhecimentos, que reverterão em beneficio do solo, onde tem as raizes, e para onde se destacam as suas folhas e fructos, isto é, as suas idéas.

Façam-se todas as reformas no ensino publico, mas não se criem sómente bachareis em lettras e em sciencias; criem-se antes bachareis em artes e officios, homens competentes e habilitados com o estudo professional para os differentes mesteres da vida.

Sr. presidente: — Representante do povo, hei de sempre defendel-o; hei de sempre pugnar em favor da sua instrucção, que é a causa da ordem e da justiça.

Tenho dito. (Appoiados).

Vozes: — Muito bem.

(O orador foi cumprimentado por muitos srs. deputados.)

Discurso pronunciado na Camara dos srs. Deputados, sobre
a reforma da instrucção primaria : — 7 de abril de 1880.

enho um pouco mais tarde, sr. presi-
dente, e vejo com surpreza já em dis-
cussão o projecto de lei, com que o
digno ministro do reino, e meu amigo, o sr. José Luciano de Castro, entendeu facilitar a execução da lei de 2
de maio de 1878.

Pedi a palavra para fazer algumas observações relativamente a esta proposta; porque, tendo eu apresentado
n'esta casa um projecto sobre a reforma de instrucção
primaria, corre-me o dever de tomar parte no assumpto.

Sinto, sr. presidente, que o meu projecto não tivesse
merecido da commissão o favor de ser por ella mencionado
em seu relatorio. Não é um sentimento de vaidade, que
me induz a fallar em tão humilde trabalho; é antes e
muito antes, a tristeza que me causou esse esquecimento,
de que me não julgo merecedor; porque, se a obra

que apresentei não está boa, posso comtudo affiançar a v. ex.ⁿ e á camara, que n'ella dispendi muito tempo e fadiga.

A tristeza que me acompanha ao mencionar o esquecimento da commissão não se referindo ao trabalho que apresentei, — é-me suavisada por um facto analogo que succedeu n'esta casa, em sessão de 20 de março de 1875. Então o manto do esquecimento envolveu nas suas dobras uma grande illustração, que desde ha muito admiramos, e cuja palavra eloquente por vezes nos tem ensinado. Refiro-me ao sr. Marianno de Carvalho, que n'esse anno havia egualmente apresentado ao parlamento um projecto de lei sobre o mesmo ramo de ensino.

N'esse tempo a respectiva commissão esqueceu aquelle assumpto não o mencionando no seu parecer; s. ex.ª protestou; e eu, seguindo as pisadas de tão illustre parlamentar, venho hoje, em que se discute uma proposta para reformar o ensino primario, venho protestar tambem, como membro d'esta casa, contra o esquecimento e completa abstenção de referencia ao meu projecto de lei.

Sinto que o sr. ministro do reino, cujos intuitos respeito; de cuja nobreza de caracter sou o primeiro a dar testemunho, não tivesse feito a mais insignificante referencia, a mais leve menção d'esse projecto, principalmente sendo eu deputado d'este parlamento e um dos mais dedicados á causa do ensino publico; — o que provam o trabalho e boa vontade, com que sempre pretendi lançar algum cimento nas bases de tão vasto edificio.

Sinto, ainda repito, que o sr. ministro do reino, que vejo presente, e a illustre commissão, que me ouve, não tivessem feito menção do meu trabalho; e, assim como os srs. Marianno de Carvalho e Barros e Cunha, meus collegas n'esta casa, protestaram em 1875 contra o governo regenerador, porque não fizera menção dos seus projectos, quando se tratava de uma proposta do governo sobre o mesmo assumpto, (não obstante serem s. ex.ᵃˢ obreiros muito dignos d'esta causa civilisadora, onde todos nós pugnamos, e temos direito de ser attendidos), do mesmo modo protesto, lastimando a omissão do meu projecto no parecer do governo.

— O sr. Arrobas : — Appoiado, appoiado.

— O orador : — Agradeço ao sr. Arrobas os seus appoiados ; sou membro da maioria, tenho muita honra em professar as ideias avançadas do partido progressista, e a coragem de rejeitar aquellas que não são tão avançadas, e que se acham tambem inscriptas no seu programma ; n'este momento, porém, não faço mais do que expôr á camara, não um sentimento de vaidade, mas antes um sentimento de pezar pela nenhuma attenção, com que vi tratar um trabalho, que, se não é digno de grandes elogios, ao menos podia merecer uma simples e singela referencia no parecer da illustre commissão.

A instrucção primaria não é apanagio de um partido *(appoiados);* é a causa de um povo ; e, quando se trata de um povo é preciso attender a todos os obreiros que se esforçam por erguer o grande edificio da educação publica.

Desculpe-me v. ex.ᵃ e a camara, se eu, no calor da discussão, levantei mais um pouco a minha voz.

— O sr. Pires de Lima : — Peço a palavra.

— O orador : Congratulo-me em vêr um distincto vogal da commissão pedindo a palavra ; e por certo elle virá explicar o esquecimento a que me refiro.

Não valem os protestos, quando não são fundamentados ; peço, pois, licença a v. ex.ᵃ e á camara para fundamentar o meu.

Se é certo que o nosso paiz tem progredido, e muito,

desde 1834, não o é menos que o nosso povo, em geral, é analphabeto. A maior parte dos eleitores nem sabem lêr o nome dos deputados, a quem vão dar o seu voto. E isto é claro que desvirtua essencialmente o systema representativo.

Toda e qualquer profissão exige conhecimentos especiaes, sem o quê o trabalho é imperfeito, inefficaz, e duplicadamente difficil; todos precisam, portanto, de um certo grão de instrucção, isto é, quando não mais, do ensino elementar.

E, visto que fallo d'este ensino, aproveito o ensejo de louvar o sr. ministro do reino, quanto á creação de bibliothecas populares. Tudo o que procura derramar alguma luz pelas trevas da ignorancia da nossa gente, tem direito ás minhas ardentes sympathias.

O futuro pertence á nova geração; e é preciso preparal-a para que o mais perfeitamente possivel conheça os seus direitos e os seus deveres; é forçoso instruil-a, para que possa crescer sensivelmente a producção da riqueza do paiz; e esta não poderá medrar, sem que haja uma larga instrucção artistica, agricola, e industrial...

(Susurro).

Vejo que estas questões do ensino publico, da instrucção popular, não estão merecendo d'esta camara a devida attenção, apesar dos esforços empregados pelo sr. ministro do reino e da sua boa vontade, apresentando uma proposta que possa tirar todas as vantagens da lei de 2 de maio de 1878. A camara, indifferente aos melhoramentos que se pretendem adoptar, conversa, emquanto um deputado se occupa de tão momentoso assumpto.

Eu julgava, e tambem o sr. ministro do reino pelos seus esforços reiterados, que esta questão era a primeira do paiz; e que era impossivel o desenvolvimento das industrias e da capacidade productora da nação, sem que se dotasse largamente o ensino primario. Vejo agora que a camara, comquanto se chame progressista, menospresa o mandato do povo, vindo conversar, ao discutirem-se questões de tal interesse.

— O sr. Ressano Garcia : — Não appoiado.

— O orador : — Ouço dizer ao sr. Ressano Garcia — não appoiado.

Eu affirmo a s. ex.ª que as questões importantes do paiz não são apenas as dos melhoramentos materiaes ; e se, quando se começou a tratar d'estes, se tivessem logo encetado os melhoramentos intellectuaes e moraes, a nação estaria muito avançada. Se, a par d'aquelles, tivessemos encetado estes conjuctamente, repito, os melhoramentos materiaes estariam hoje produzindo, e de modo a augmentar sensivelmente a riqueza publica. *(Apoiados.)*

Continúo affirmando a s. ex.ª que, se os progressos economicos iniciados com tanta solicitude, com tanto zelo, e com tanta dedicação pelo partido regenerador, tivessem sido acompanhados do desenvolvimento da instrucção publica, — hoje a capacidade productora de Portugal haveria augmentado ; e esses caminhos de ferro, que nos ligam ás outras nações teriam de levarpara lá muitos elementos de troca, desenvolvendo largamente o commercio nacional.

Infelizmente posso dizer a s. ex.ª que, não tendo subido a instrucção publica á proporção que avançavam os melhoramentos materiaes, a capacidade productora não ponde alargar-se ; e hoje não temos elementos de troca sufficientes para que esses melhoramentos que s. ex.ª defende, e que todos nós defendemos, possam aproveitar ao paiz, tanto quanto deveria acontecer.

Sabe o illustre deputado o que teem dito os documentos officiaes e a nossa imprensa, sobre uma questão do mais palpavel interesse publico, questão que não póde deixar de influirem todos?

É que ha uma grande differença entre a importação e a exportação do paiz; isto é, a importação cresce, e a exportação decresce.

E sabe s. ex.ª qual é o corollario d'este estado de cousas, se assim continuarmos?

Se os elementos productivos não adquirirem um certo augmento, chegará o termo em que, não tendo nós que dar em troca aos outros povos, a nossa actividade commercial ha de forçosamente fenecer.

— O sr. Ressano Garcia: — O illustre deputado está laborando n'um equivoco. O meu não apoiado correspondia exactamente á asserção de s. ex.ª, quando dizia que a camara o não escutava, porque eu era um dos que o estavam escutando com toda a attenção.

— O sr. Presidente: — Peço que não se façam interrupções.

— O orador: — Nas minhas palavras não quiz significar que era ouvido com menos attenção, porque não imponho a minha personalidade, que pouco vale; o que vale e vale muito é o assumpto que tracto, e esse é que se me afigurou que a camara não attendia com o cuidado que elle reclama.

Eu não pedi attenção para mim, pedi-a para o ensino que principia na escóla primaria, a qual o sr. ministro do reino tem defendido com a coragem e talento de que é capaz, e que todos respeitamos. *(Apoiados.)*

Fui interrompido pelo sr. Ressano Garcia, e já lhe respondi; agora devo dizer a v. ex.ª, á face das circumstancias, de que já me occupei n'esta camara ao ter a honra de fallar pela primeira vez em tão illustrada assembléa, — que a instrucção primaria deve ser lançada em bon fun-

116

damentos; e então, visto o sr. ministro apresentar uma proposta de lei sobre o assumpto, parece-me ser o momento de alongar o debate.

V. ex.ª não o ignora, nem o sr. ministro do reino, que a escóla primaria tem de crear hoje a infancia para uma sociedade dirigida pelos principios economicos; e que, d'esta maneira o ensino elementar deve harmonisar-se á classificação das industrias, estabelecida pela economia politica.

Demonstra a sciencia economica que o labor humano póde applicar-se ás cousas e aos homens.

Do trabalho applicado ás cousas nascem varias industrias: — a industria extractiva, a industria agricola, a industria manufactora, a industria transportadora e a industria commercial.

Do trabalho do homem applicado ao homem nascem as profissões artisticas e scientificas, egualmente chamadas liberaes, complexo de trabalhos que produzem as artes, cuja nomenclatura é a seguinte:

— as artes, cujo objecto é a conservação e o aperfeiçoamento do homem physico, taes como: — a esgrima, a equitação, a dansa, a gymnastica propriamente dita, etc.;

— as artes dedicadas á educação e desenvolvimento das faculdades intellectuaes: as sciencias, as lettras, o ensino;

— as artes que se dirigem á formação dos habitos moraes: — o ensino moral, religioso, e de diversas maneiras as artes já mencionadas.

Não me refiro, para não afadigar a camara, ás artes que teem por fim deleitar o espirito: — a musica, a poesia, a pintura, a esculptura, etc.; nem ás artes, cujo objecto é a producção da segurança, e que dizem respeito á feitura das leis, á administração da justiça, á manutenção da ordem, á direcção dos interesses geraes de um povo, ao seu governo, emfim.

O que posso dizer a v. ex.ª é que a riqueza material e a riqueza immaterial ou moral reunidas dão em consequencia a civilisação ; isto é, a satisfação das necessidades physicas, intellectuaes e moraes.

São estas as ideias que eu vejo apregoadas pela economia politica; e, quando desço aos usos communs da vida, lá as encontro realisadas nos factos.

Já v. ex.ª vê, que toda a instrucção, que hoje tenha de ser ministrada á infancia, deve conformar-se a esta sociedade, para a qual o ensino vae preparar os alumnos.

Eis a razão porque affirmo dever o ensino da escóla primaria ser hoje organisado e dirigido em satisfação ás necessidades physicas, intellectuaes e moraes do cidadão. É isto que se evidencia das prescripções da sciencia economica e do exame dos factos. (Apoiados).

Postos estes principios geraes, julgo que a lei de 2 de maio de 1878, lei que o antecessor do sr. ministro do reino trouxe a esta casa, não organisa a instrucção elementar em harmonia com a sociedade a que se dirige, sociedade regida pelos principios economicos.

Essa lei, que eu respeito, porque se avantaja ás leis anteriores, esquece no seu programma os elementos necessarios para formar o cidadão, consoante ás exigencias da sociedade actual.

Repito, sr. presidente, que a lei de 2 de maio de 1878, cuja execução o sr. ministro do reino entendeu facilitar com a sua proposta, não só não distribue a instrucção conforme as faculdades physicas, intellectuaes e moraes do alumno, mas no seu organismo cala as disciplinas ou materias, que são necessarias e constituem a base da instrucção publica em todos os povos.

Peço licença a v. ex.ª para demonstrar a minha asserção, e tanto mais desafogadamente, quanto esta lei é do ministerio transacto; e por consequencia, impugnando-a, não combato individualmente o sr. ministro do reino. S. ex.ª, fundando n'esse trabalho a sua proposta, não lhe fez alterações profundas; ainda assim, as que fez, revelam talento, que eu sei respeitar.

Sr. presidente: — Chamo a attenção da camara para o programma de ensino da lei de 1878; porque esta camara, sendo um dos ramos do poder legislativo, tem agora occasião de o emendar; e quando se trata de um assumpto tão momentoso como é o ensino primario, vale bem fazer emendas para assentar a educação publica em bases seguras. *(Apoiados.)*

No programma da lei de 2 de maio de 1878 faltam os exercicios militares; falta sensivel, a respeito da qual já emitti a minha opinião n'esta casa.

Senhores deputados: — Se as expedições maritimas do seculo xv, e as arrojadas navegações do seculo xvi, foram a missão definida do nosso povo no progresso das sociedades, certamente lhe imprimiram a feição propria que ainda hoje lhe dá logar á parte entre as raças do meio dia da Europa.

Apertado entre a Hespanha e o mar, este povo voou por cima das aguas todas, como dizia o nosso classico Fernão Mendes Pinto; firmou com essas navegações a sua autonomia politica, a sua riqueza, lançando o seu patriciado e a sua burguezia á civilisação da Europa e da America.

A tradição d'esses tempos ficou viva na memoria nacional, e ainda hoje, pelas noites velhas do inverno e pelas noites estivas do verão, surge á miragem do paiz longinquo, com todas as seducções da riqueza e aventuras em regiões distantes.

A par de tudo isto, lembram as miserias de todos os dias; o imposto, a terra que não pertence ao cultivador,

ou que, retalhada, mal chega para todos os seus herdei·
ros; e no fim, terrivel, sombrio, egual á escravatura, o
recrutamento que tira o homem robusto á lavoura, o filho
aos paes, e a alegria aos campos.

Então o povo engeita a aldeia natal; foge, emigra.

E isto é um grande mal; é esta a grande tristeza que
enlucta a nação, e que a vae exhaurindo como se fosse um
cancro, que é molestia incuravel.

N'estas circumstancias, temos obrigação de remodelar
o ensino primario de modo que a infancia em seus brin-
quedos vá cedo habituando-se aos exercicios militares, e
os tome como divertimento, para que mais tarde a crean-
ça, quando cidadão, possa dizer: — aqui estou, *me*, *me*,
adsum.

Cidadãos são todos aquelles que pugnam pela causa
commum e a sabem defender com arma do soldado.

Somos um paiz pequeno, sr. presidente, e não são
trinta mil homens o bastante para manterem a nossa independencia.

A instrucção militar nas escólas ha de não só pòr obstaculos á emigração, mas, além d'isso, hade fornecer o cimento indispensavel para transformar a organisação militar
do paiz, como havemos mister.

Considero-a urgente; e por isso mesmo extranho esta
lacuna na lei de 2 de maio de 1878.

E devo dizer que é elemento indispensavel, não só
para organisar o paiz á semelhança da Suissa e da Allemanha, mas tambem para reduzir o effectivo do nosso
exercito, hoje de 23:000 homens, a 13:000; reducção esta
que realisava immediatamente uma economia de cerca de
900:000.000 réis.

Para aqui chamo a attenção da camara; conseguia-se
uma economia de 900:000.000 réis, com vantagem de to-

das as industrias, principalmente da agricultura, cujos braços robustos hoje vivem a vida ociosa dos quarteis ; e não se esquecia uma outra vantagem, qual a de applicar esses 900:000.000 réis ao desenvolvimento da instrucção primaria, ao ensino do povo, e isto sem onerar o contribuinte com mais encargos.

Não entenda a camara que eu venho aventar uma ideia nova ; já foi apresentada n'esta casa pelo sr. Adriano Machado, illustração que todos respeitamos, e que hoje está nos conselhos da corôa, isto é, no logar que lhe compete. S. ex.ª declarou no parlamento a possibilidade de se poder reduzir o effectivo do exercito, de 23.000 homens a 13.000, e portanto a reducção do orçamento da guerra na importancia de 900:000:000 réis ; e esse remanescente ser applicado (esta opinião é que é minha) á instrucção primaria ; e assim tinhamos o orçamento da instrucção melhorado sem novos sacrificios.

Seguindo no encalço do sr. Adriano Machado, não pretendo desarmar o paiz ; pelo contrario, desejo armal-o.

E a este respeito peço licença a v. ex.ª e á camara para ler o que diz um periodico francez : — a *Gazeta Militar*.

Esta revista, do melhor conceito além dos Pyrineus, diz-nos que a Russia tem hoje um effectivo de guerra de 2.617 000 soldados ; que a França dispõe de 1.555.066 ; a Allemanha de 1.541.807 ; a Austria-Hungria de 1.117.745 ; que a Italia se tem preoccupado nos ultimos annos com o aperfeiçoamento do seu exercito, e que tem em pé de guerra 920.548 homens. Na Hespanha a lei fixou o effectivo do exercito relativamente ao anno economico de 1880-1881 em 90 000 homens para a peninsula, em 38.000 para Cuba, 10.000 para as Philippinas, e em 3.395 para Porto-Rico ; ao todo em armas 141.395 cidadãos.

Nós, que não podemos manter um numeroso exercito

16

permanente, cumpre-nos, á maneira da Suissa, fazer de cada cidadão um soldado para qualquer eventualidade, que os grandes armamentos da Europa nos devem fazer suspeitar. E, visto que não podemos, redigo, conservar um grande contingente militar em pé de guerra, empreguemos todos os esforços em armar o nosso povo semelhantemente á confederação helvetica, e como se acha organisado em parte da Allemanha, afim de que, no momento de conflagração na Europa, possamos estar prevenidos.

Conforme ás minhas ideias anteriormente expostas, acaba o sr. ministro da guerra de ordenar a todos os corpos que licenceiem o maior numero de praças. Tanto elle vê que a força da lavoura prêsa nos quarteis é nociva á nação.

N'estas circumstancias julgo indispensaveis na escóla primaria os exercicios militares: primeiro, para d'algum modo obstar á emigração que vem do médo á vida das armas; segundo para organisar o paiz militarmente.

Não julgue v. ex.ª nem a camara que este pensamento é todo meu: já assim o entendia em 1806 o general Gomes Freire de Andrade, illustre cabo de guerra, suppliciado pela regencia ingleza, criminoso em professar as ideias verdadeiramente liberaes.

A falta de exercicios militares é a primeira vaga que eu encontro na lei de 2 de maio de 1878; e assim peço á camara que introduza na lei este melhoramento, pois, organisando de tal modo o nosso povo, tem feito um grande serviço ao paiz. No projecto, que tive a honra de apresentar á consideração da camara, não me esqueceram os exercicios militares, que os reputo indispensaveis e essenciaes, ainda quando não sejam senão como gymnastica.

Tambem na lei de 2 de maio de 1878, ha outra omissão:— a da pedagogia. Esta omissão é sensivel; e é sensivel porque, não existindo a pedagogia, não ha o ensino moderno como eu o vi nas escólas das nações civilisadas.

Eu sei que a pedagogia não se lecciona nas escólas primarias, e sim nas escólas normaes; mas, como d'aqui é que saem os professores, se elles não tiverem estudado aquella disciplina, mal podem dirigir as intelligencias infantis. A lei não a prescreve para as escólas normaes; está por isso incompleta.

É esta outra deficiencia para que chamo a attenção da camara.

Todos sabem que a curiosidade desperta cedo na infancia, e que as creanças procuram conhecer o que se passa em torno de si; e hoje a escóla primaria não faz mais do que educar essa curiosidade, dirigindo o espirito infantil de maneira a satisfazer todas as aspirações da sua faculdade inventiva.

De modo que hoje o professor na escóla primaria conversa com os alumnos, dirige a sua attenção sobre os phenomenos da vida, e, alimentando-lhes o espirito, educa-lhes o raciocinio de tal sorte, que aos 12 aunos mais parecem homens feitos.

Ao presente, a escóla primaria é o contrario do que era d'antes; ministra o ensino á proporção que as faculdades vão desabrochando; conduz a acção dos sentidos sobre os objectos que caem debaixo do seu dominio; leva as creanças a formarem raciocinios, executando assim a gymnastica intellectual. É este o assumpto proprio da methodologia especial.

Portanto, o programma do sr. Sampaio, illustração que todos respeitam, (appoiados) embora de vantagem sobre as leis antecedentes, não é completo.

S. ex.ª collocou uma grande pedra na base do edificio social; e a nós, que pertencemos á geração moderna, compete-nos trazer o contingente da nossa boa vontade e trabalho para emendar a lei onde haja mister. Os exercicios militares na escóla são uma necessidade para o nosso povo; a pedagogia é outra; e estas duas necessidades não se acham cumpridas n'este documento legislativo.

Peço á camara que reforme a lei, de modo que possamos levantar o ensino em bons alicerces. O parlamento póde remediar as duas grandes faltas, e com isso ganharia muito a lei de 2 de maio de 1878, que é de vantagem sobre as leis antecedentes, como já disse.

Não se pense que eu sou um exigente systematico; entendo que a lei que hoje se discute deveria ser toda bem explicita, começando ella propria por ser educativa, explicando, definindo até, como faz o nosso codigo civil, e tanto mais quanto ella tende a descentralisar o ensino. E por isso mesmo deve ser um codigo que dirija esses para quem leva ou transfere a educação intellectual e moral.

A lei, partindo do poder central, e portanto de um poder esclarecido, dos legisladores, a quem pertence a obrigação de saber e querer, a lei deve ser clara; e, se o não fôr, não poderá executar-se.

Dir-me-hão que ha materias, só privativas dos regulamentos; mas eu quero que o poder legislativo regulamente o mais possivel em assumptos de instrucção primaria.

Posso dizer a v. ex.ª e á camara que as doutrinas do ensino elementar constituem hoje uma sciencia no extrangeiro; e teem por fim crear o cidadão para estas sociedades economicas das industrias, da concorrencia de todos contra todos, em que só se respeita o trabalho individual, e o merito de cada um; sociedades em que os pergaminhos não se encontram no berço, mas conquistam-se no esforço proprio, com o talento, com a perseverança; e para tudo isto cumpre educar.

E maxime em Portugal, em que muitas escólas publicas funccionam em casas, da iniciativa particular do conde de Ferreira. Este paiz não tem escólas proprias, e a maior parte das que tem deve-as a um homem bemfazejo, que, se tinha culpas, fòram-lhe de certo remittidas pela acção que praticou, deixando um legado importante para acudir á maior pobreza que póde haver: — a pobreza do espirito.

Quando em França visitei a exposição industrial de 1878, vi com tristeza um catalogo, em que se dizia que o povo portuguez era um povo habilidoso em obras de filagrana de prata; e accrescentava o catalogo: — «trabalhos inherentes a um povo na infancia.»

Ao ler isto, senti desagradavel commoção, vendo a maneira como era definido um paiz de ideias generosas, de grande intelligencia, e capaz dos maiores commettimentos, como o tem affirmado na historia.

É por isso que entendo devermos até fazer sacrificios para que as nações extrangeiras nos não considerem tão de leve, concluindo da nossa aptidão, pelos artefactos que mal representavam a industria portugueza n'aquelle congresso das nações.

Voltemos, portanto, á escóla primaria. Façamos a descentralisação do ensino; não, para as camaras municipaes, para os vereadores da provincia, homens dignos, respeitaveis, que sabem administrar bem os seus municipios, — mas ignorantes no que deva ser uma escóla!

E, para que todos nos convençamos, vou lêr uma carta de pessoas idoneas, do Porto, de professores d'aquella municipalidade, em que protestam contra a lei de 2 de maio de 1878; e protestam sem odios nem intuitos partidarios, mas tão apenas porque se acham possuidos da boa vontade, dos que trabalham em acertar e concor-

125

rer a que as leis produzam o effeito mais vantajoso que ser possa.

Declaro a v. ex.ª que, quando se começar a execução d'esta lei, hão de surgir serios obstaculos; e principalmente quando o delegado parochial, nomeado pela junta escolar, fòr encontrar-se na escóla com os mestres; e isto em consequencia da antinomia entre essas duas entidades, resultante da desigualdade de profissões.

A este respeito passo a lêr a carta referida:

— «Esta lei vem escravisar-nos ao delegado da parochia, que na maior parte do reino tem de ser algum analphabeto, mas cuja presença a lei exige na escóla, para se fazer a matricula (§ unico do art. 9.º), ficando tambem com a liberdade de accrescentar as notas que bem lhe aprouver ás declarações do professor, quando tenha de justificar a frequencia e faltas (§ 1.º do art. 12.º), dispensando tambem da frequencia da aula. (§ 2.º e outros do mesmo artigo).

«O que prova tudo isto? — Que o delegado é tudo nas escólas e o professor um seu tutelado, vindo assim a ficar sem prestigio, sem força moral na presença dos seus discipulos.»

Ora eu sou pela descentralisação, professo esse grande principio; mas, vendo que esta lei descentralisa para homens incompetentes, começo hesitando se hei de, ou não, ser pela descentralisação, ou se isto é descentralisar.

Pois se ha entre nós professores mesmo, que não estão habilitados, como o hão de estar aquelles que são completamente leigos, embora se achem á frente da administração municipal por essas villas e aldeias? E digo isto sem deshonra nenhuma para esses individuos, porque, assim como já o affirmei, são na maior parte honradissimos e excellentes administradores da fazenda municipal, mas completos hospedes nas importantes necessidades de uma escóla.

O que digo a v. ex.ª é que, se esses municipios estão pre-educados para essa descentralisação, não me opponho, porque as minhas convicções são liberaes e progressistas; devò, porém, dizer que me parece cedo e muito cedo para fazer essa descentralisação. E por quê? — Porque se descentralisa de um poder intelligente central para outros que não estão avisados para esse commettimento.

A descentralisação, digo-o a v. ex.ª e á camara, era facil de cumprir, mas em harmonia com o projecto que tive a honra de apresentar n'esta casa. Se a descentralisação do poder central passasse ás mãos de um poder competente, os professores, — então sim; porque esses, pela sua qualidade e attribuições, eram os mais idoneos no conhecimento de todas as minucias, formas e processos na arte de ensinar; de outro modo, do poder central competente para os municipios, não vejo a maneira de transferir com proveito na administração do ensino.

Como é que individuos, tendo outras obrigações a cumprir, ignorantes do que é pedagogia, e a instrucção elementar nos outros povos, e dos deveres que lhes competem, pódem desempenhar-se bem de uma missão d'esta ordem?

Repito, quando o governo procure realisar esta lei, ha de encontrar na pratica serios obstaculos, não só que eu prevejo, mas que os professores já presentem.

Poderia mais alongar-me; era esse o meu intuito; mas vejo que as minhas palavras não mudam a resolução da camara; o trabalho está feito, e certamente vae ser votado.

Eu, sr. presidente não quiz senão lavrar um protesto.

E digo isto por estar convencido de que, se este governo tivesse vindo ao parlamento affirmar a sua existencia unicamente com uma bem elaborada reforma da instrucção primaria, teria dado um grande passo, sendo considerado benemerito da geração actual · — dos homens que hoje são paes, que veriam assegurada a seus filhos uma instrucção racional e proficua ; dos homens que hoje são a juventude, mas que constituem o futuro do paiz.

Sinto tambem que o meu projecto, deficiente e incompleto como é, fosse esquecido, pois não supponho que elle assustasse a commissão!

Se elle tivesse sido attendido, eu então viria trazer á camara o cabedal do trabalho (não de intelligencia) que fui accumulando desde que perante v. ex.ª defendi na Universidade a these da instrucção gratuita e obrigatoria até que entrei n'esta camara, pois que n'este decurso de tempo servi cargos publicos, onde tive occasião de vêr e syndicar a escóla primaria.

Não progredirei mais, porque não desejo molestar a attenção da camara. Devo dizer a v. ex.ª que se fiz estas reflexões, foi perfilhando o pensamento de um homem illustre, que ainda ha bem pouco tempo fallecen, pensamento que é o seguinte : — « todo o homem que tiver uma verdade no seu espirito, deve dizel-a ; porque, se as nações podem addiar a verdade tendo por si o tempo, o homem não, porque é o tempo que o mata a elle. »

Agradeço a benevolencia de meus illustres collegas, e peço-lhes desculpa pelo tempo que lhes occupei. ·

— Vozes : — Muito bem, muito bem.

(O orador foi muito cumprimentado).

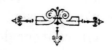

Discurso pronunciado na Camara dos Srs. Deputados, pelo
tricentenario de Camões: — 10 de abril de 1880. [1]

 cabo de ouvir, sr. presidente, e com
muito prazer, a um dos oradores mais
eloquentes d'esta casa, o sr. Thomaz Ribeiro: e tenho como certa a egual satisfação da camara.

Muito me apraz que s. ex.ª erguesse a voz n'este
momento. É um illustre poeta, e, tal, lhe cabia saudar

---

[1] Na sessão legislativa de 1880, nomeou a camara dos deputados o auctor
d'estes discursos vogal de tres commissões differentes:
— a do ensino superior;
— a do ensino elementar;
— a dos negocios extrangeiros.
Como deputado e vogal (secretario e relator) d'estas commissões, téve a
honra de apresentar á camara os seguintes:

PROJECTOS DE LEI:

1.º — sobre as festas do tricentenario de Camões;
2.º — reorganisando a Academia de Bellas-Artes;

aquelle, que o tempo dos seculos sagrou a primeira gloria da nossa poesia nacional.

O sr. Thomaz Ribeiro dividiu o seu discurso em duas partes. Começou louvando o governo, por se haver associado ás festas patrioticas da nação pelo tricentenario do grande epico, que todos veneramos; extranha depois que o ministerio e a commissão de que tenho a honra de ser relator se subtrahissem á iniciativa das mesmas festas.

Senhor presidente: — Embora respeitador do elevado criterio e altas qualidades do nobre deputado, que me precedeu, devo, comtudo, apartar-me da sua opinião; porquanto o governo representa um partido, e a nação é a representante de si propria.

Se o governo tomasse a presidencia das festas do tricentenario de Camões, impunha, por esse facto, a tal solemnidade uma feição, que ella não póde ter; a festa é do paiz.

Associem-se todos a um acto tão patriotico; e egualmente o governo fará que elle possa ficar, á maneira de constellação luminosa, na memoria da nossa gente; mas, avantajar-se um ministerio ao enthusiasmo que se presente em todo o Portugal, nas manifestações da imprensa, das associações, e nas da iniciativa particular, isso importaria

---

3.º — sobre o tratado litterario com a Hespanha;

4.º — sobre a organisação da instrucção primaria em Portugal e colonias.

O primeiro e terceiro foram discutidos e approvados; o segundo foi approvado sem discussão; o quarto foi enviado á commissão competente, (Veja-se o *Diario das Camaras* de 22 de janeiro de 1880, onde vem publicado o ultimo projecto de lei).

Os discursos proferidos n'aquella sessão legislativa vão n'este volume. E para esclarecer e completar o presente discurso sobre as festas de Camões, aqui transcrevemos o relatorio e proposta que foi convertida em lei na sessão do 10 de abril de 1880. Eil-os:

Senhores: — A vossa commissão de instrucção superior, tendo ouvido a

130

sobrepôr a individualidade governativa ao modo de pensar d'um paiz inteiro; e Camões é da nação portugueza.

E não é só da nação portugueza; pertence á humanidade.

Homens ha, sr. presidente, que se erguem á universal admiração pelo vulto do seu genio e grandeza de serviços relevantes. O nosso epico immortal é um d'esses homens.

A época de hoje, essencialmente positiva, já não dá heroes d'esta craveira; mas, em seu labutar quotidiano, esta época de trabalho e conquistas no dominio da liberdade e das sciencias, sabe distinguir, entre os seus maiores, aquelles que foram percussores d'esta civilisação.

Sabe-o v. ex.ª, a camara e toda a Europa: — o epico portuguez, a cuja apotheose vamos assistir, não era sómente um poeta afinando a lyra pelas desgraças ou prosperidades da patria. Camões, senhores deputados, foi um grande tribuno da causa popular, da nossa, da causa d'este paiz que nos viu nascer.

Enfeixou, dil-o Garrett, em magnifico e perpetuo monumento todas as glorias, as tradicções todas da nossa gente.

Ora, quando se colligem as tradicções poeticas de um povo, não é de tardar o seu renascimento.

---

illustre commissão de fazenda, vem hoje, como lhe cumpre, dar o seu parecer sobre o projecto de lei, n.º 89 H, o qual, pretendendo solemnisar o dia 10 de junho de 1880 por ser o do terceiro centenario da morte de Camões auctorisa o governo a auxiliar, segundo as forças do thesouro, quaesquer demonstrações particulares tendentes a festejar aquelle dia.

A commissão, venerando a memoria immortal do poeta, que nos tornou conhecidos e respeitados na Europa, julga interpretar os intuitos d'esta camara e os do paiz, approvando o projecto n.º 89 H; e assim propõe que, dentro das forças do thesouro, se dispendam os meios necessarios para dar a maxima solemnidade ao tricentenario do excelso cantor das nossas glorias, que nos legou, no maior abatimento e desgraça de Portugal, um livro eterno, sufficiente para salvar do esquecimento e da escravidão uma nacionalidade perdida

Na communidade de crenças, sentimentos e ideias, — patria ideal, — se reconhecem as nações quando soffrem! Assim aconteceu na Grecia, revolucionada pelos seus cantos populares. Assim aconteceu entre nós.

É hoje facto averiguado pela historia que o povo fallava portuguez durante o governo dos Filippes; não assim os principaes escriptores e poetas, bandeados aos reis intrusos, de quem acceitaram prebendas e honrarias; esses fallavam e escreviam hespanhol, e tinham em desprezo a lingua patria.

O primeiro signal da autonomia de um povo é a existencia da sua lingua. Se, descido ao tumulo o grande epico, se fez silencio em volta do seu nome e da sua fama, — o silencio da inveja; se não podia haver memoria para a do homem nacional, e aos outros poetas cortezãos convinha a deslembrança para a sua veniaga; se o povo estava morto moral e physicamente, dizimado na Africa, na India, engulido pelo mar tenebroso, e devastado pelas pestes ardentes; se era de esperar a perda da nação; — é certo que, no meio de tantas desgraças, ficara um livro em portuguez, e esse livro era conhecido do povo; decorado, cantado pelos soldados nas ruinas das fortalezas da India para se anima-

---

Camões não pode ser considerado só como poeta; nem apenas como soldado ou como homem de sciencia.

Consubstanciando toda a grandeza do genio do espirito humano, affirmou-se na historia portugueza pelos tres elementos fundamentaes, que caracterisam uma nacionalidade: — a tradicção, a linguagem e o territorio.

A tradicção dá a um povo a unidade moral.

A Grecia é ainda um povo, porque se robustece nas tradicções hellenicas. Na época presente, a sua grande e ultima manifestação politica foi precedida da compilação dos seus contos populares.

Camões affirma a nacionalidade pela tradicção: é esta a sua primeira gloria. Repassando a sua epopeia das formosas tradicções da gente portugueza, contando a façanha de Giraldo-sem-Pavor, o milagre de Ourique, o rem ao combate; nas fogueiras dos arraiaes para desafadigar o espirito e o corpo, cançado de miserias e saudades de uma patria ausente e longiqua, pela qual morriam!

No cerco de Colombo, refere o illustre visconde de Juromenha, os soldados distrahiam o trabalho e a fome, cantando estancias inteiras dos *Lusiadas*. Por onde se vê que o livro de Camões deixou no espirito da gente portugueza a ideia antiga da patria; antiga e gloriosa, e por isso mais querida.

Assim, se no mundo official, prebendado e palaciano, Portugal era provincia de Castella, no animo do povo era ainda a nação a terra grande do passado, que tinha a sua lei consuetudinaria, o seu codigo nos *Lusiadas*.

D'aqui á independencia só media um passo.

Tal foi, sr. presidente, o grande serviço do patriota; tal foi o homem de genio; e por isso é elle credor da nossa admiração respeitosa, e do nosso mais profundo reconhecimento.

Senhores deputados, Camões aperfeiçoou a lingua portugueza, dando-lhe a lucidez, a elegancia, toda a harmonia de que ella é susceptivel; quasi que fez uma lingua nova, em relação aos escriptores que o precederam; lingua

---

feito de Egas Moniz, o episodio de Ignez de Castro, o dos doze de Inglaterra, e do naufragio de Sepulveda, etc., dá aos sons classicos a melodia popular, que respira das nossas ciencias e do nosso patriotismo.

A lingua, todos o sabem, ninguem a enriqueceu como o auctor dos *Lusiadas*. Deve-se-lhe a profunda alteração que ella soffreu no seculo xvi; e ainda hoje é typo de linguagem o modo por que á phrase se dá o puro sabor quinhentista, livre da forma antiga, que o poeta aprimorou com a precisão da syntaxe latina; justo meio, que mostra ser Camões o primeiro de todos os escriptores portuguezes. Ao grande epico se deve a conservação e a unidade da nossa lingua. Depois da sua morte, o seu poema, lido pelo povo, obrigou-o a fallar portuguez, quando as outras classes fallavam hespanhol, tendo em pouco a formosa lingua patria.

que ainda hoje não foi excedida, e muito poucas vezes egualada. Como monumento de bem dizer os *Lusiadas* serão eternamente respeitados. É o nosso primeiro classico o illustre poeta.

O aperfeiçoamento d'uma lingua envolve mais um outro grande progresso na civilisação de um povo. É poderoso elemento de combate, quando ao serviço do direito.

A linguagem é a vida do pensamento. Clara, imaginosa, apaixonada, serve para os pamphletos; para a denuncia das malversações; para os jornaes que descem a todos os ergastulos onde ha soffrimentos; para as orações tribunicias que se inspiram na alma das multidões; para commover a paixões nobres; para rebaixar as vis pela satyra; para a propaganda emfim.

Além de tudo, a lingua, d'est'arte preparada e trabalhada, foi um poderoso elemento para o engrandecer da classe média; deu-lhe a superioridade e dignidade, que só pertencem aos escriptores e aos pensadores; deu-lhe a magistratura intellectual.

Enorme beneficio prestado á civilisação!

Mas, se a camara o permitte, outro não menos importante vou memorar.

O territorio é affirmado por Camões, quando o descreve; quando o glorifica, esperando vêr Portugal a monarchia do Universo; quando lhe dá força immensa e conhecida, illuminando as nossas façanhas com a luz do seu genio; e quando o defende como soldado nos combates da Africa e da India.

Assim, tendo « numa mão sempre a espada, noutra a penna » canta até á morte a grandeza da patria e do seu povo, ainda na dedicatoria ao rei a quem offerece o seu poema :

> « Fazei, Senhor, que nunca os admirados
> « Allemães, Gallos, Italos, Inglezes,
> « Possam dizer, que são para mandados
> « Mais que para mandar, os Portuguezes.»

Vasco da Gama descobriu o Oriente, mas não o approximou. Entre Portugal e a India, depois da rota do illustre navegante, ficou de permeio a vastidão do mar, cheio de perigos e terrores; e, como diz um claro escriptor nosso e sabedor, publicado o poema de Camões, o Oriente approxima-se pela seducção da poesia.

Os *Lusiadas* são o laço moral que prende a Asia á Europa; a poesia que procura o *paiz do sol* para divinisal-o.

Sr. presidente: — O desinteresse, a nobreza de caracter, a firmeza de vontade, os sentimentos e virtudes que deu aos seus heroes; as qualidades proprias que revela em o seu poema, e durante a sua vida, nunca servil ou aduladora; tudo, emfim, nos dá uma ideia nobremente avantajada da natureza humana.

Os seus versos não exaltam sómente as tradicções gloriosas de um povo; exaltam as grandes qualidades que ennobrecem os homens: — a virtude, a patria, a gloria.

Encarado d'este modo, elle pertence á renascença que no seculo xvi, na pintura, nas lettras e na politica, engrandeceu a natureza humana, revelando-lhe os seus mais nobres attributos, que elle apregoou e soube defender até com as armas.

A commissão, tomada de piofundo iespeito peiante tão agigantado vulto da nossa histoiia, e poi isso do devei que lhe incumbe, tem a honia de propôr á camaia o seguinte

PROJECTO DE LEI:

Aitigo 1.º — É consideiado de festa nacional o dia 10 de junho de 1880, anniveisaiio da moite de Camões, havendo n'esse dia feiiado em todas as iepaitições publicas.

Ait. 2.º — É auctorisado o goveino a auxiliar, segundo as foiças do thezouro, quaesquer tiabalhos de iniciativa paiticulai, tendentes a commemorar aquelle dia.

Foi a renascença a primeira reclamação dos direitos do homem; e entre nós um dos primeiros revolucionarios foi Camões.

Tal era o heroe, para solemnisar a memoria do qual tão grandes festas se preparam; e n'estas circumstancias nunca o enthusiasmo de um governo poderá substituir o enthusiasmo de um povo. *(Muitos appoiados)*.

Tenho dito.

— Vozes : — Muito bem.

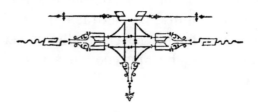

No primeiro anniversario do «Commercio de Portugal»: —26 de junho de 1880.

(DUAS PALAVRAS)

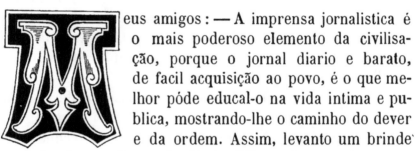eus amigos : — A imprensa jornalistica é o mais poderoso elemento da civilisação, porque o jornal diario e barato, de facil acquisição ao povo, é o que melhor póde educal-o na vida intima e publica, mostrando-lhe o caminho do dever e da ordem. Assim, levanto um brinde ao primeiro anniversario d'esta folha pela maneira energica e digna, por que tem sabido comprehender o seu proposito, em defeza dos direitos do cidadão.

Um jornal d'esta força, é necessario ao paiz em que a consciencia de cada um por vezes anda tão desorientada pela imprensa politica.

O seu anniversario é portanto uma festa honrada. O *Commercio de Portugal,* respeitador de seu programma, merece ser festejado com honra.

No que disse refiro-me ao vosso periodico; e assim

deixo de melindrar a modestia dos seus redactores aqui presentes; se bem que de perto lhes vou tocar, pois fallo de creatura sua, a que teem dado a flor do seu espirito, o vigor do seu talento, e a firmeza das nobres convicções.

Continuae :

De regra o homem é bom, as sociedades, porém, são imperfeitas. Corrigi seus vicios de conformação. Castigae a libertinagem, e apostolisae a virtude; combatei a ignorancia, e preconisae a escóla ; ajudae o fraco contra o forte, o opprimido contra o oppressor; sentae-vos á cabeceira dos martyrios ignorados, e levae o conforto ás minguas da pobreza desvalida ; prégae a liberdade, que é o pendão da eterna justiça ; confundi a calumnia envenenada, que morde de lingua viperina o coração dos caracteres honrados e prestantes á causa publica; pugnae extrenuos pelo direito e interesses d'este povo, que por sua indole, faculdades affectivas, talentos naturaes, deve ser um dos primeiros, ovante, na vanguarda da illustração europeia.

Tal começastes de o emprehender, assim o deveis concluir.

A mocidade, qual a primavera, é formosa e fecunda. Reveste os troncos feios e nús, esterilisados pelo inverno e gelos da velhice, — as ideias e doutrinas obscurantes, de novas flores e fructos.

O vosso enthusiasmo pelo bem continuará espalhando no caminho traçado pelo dever as immarcessiveis flores da alegria da consciencia ; e as vossas acções na pratica do alto cargo que vos incumbe, crearão abençoadas utilidades.

Senhores : — A melhor das acções, que haveis praticado, é certamente o anno decorrido do vosso, ou, permitti que o diga, do nosso jornal.

Saúdo, pois, a seu anniversario, e brindo pelos seus anuos futuros.

138

Discurso sobre eleições administrativas na Camara dos Senhores Deputados : — 9 de janeiro de 1885.

 enhor presidente : — Mando para a mesa um requerimento pedindo ao governo, pela secretaria dos negocios do reino, alguns documentos relativos á annulação da mesa administrativa da misericordia da villa de Reguengos, e outros referentes ás diversas eleições da mesma confraria desde 1860.

(Leu.) [1]

---

[1] REQUERIMENTO

Requeiro que, pelo ministerio do reino, sejam remettidos com urgencia a esta camara os seguintes documentos :

I. Copia das actas de todas as eleições a que se tem procedido desde 1860, para constituir a mesa administrativa da Santa Casa da Misericordia da Villa de Reguengos ;

II. Copia do Alvará do governo civil do districto de Evora, pelo qual foi annulada a ultima eleição d'aquella mesa administrativa ;

III. Copia da acta da sessão da Misericordia, em que foi intimado a esta corporação aquelle alvará.

= O ·deputado pelo circulo d'Evora, *Luiz Leite Pereira Jardim*.

Foi mandado expedir.

Senhor presidente : — Hei de annunciar uma interpellação ao sr. ministro do reino sobre a materia do requerimento que tenho a honra de mandar para a mesa, aguardando para esse fim a remessa das informações que requeiro.

Desde já, porém, devo declarar a v. ex.ª e á camara que o assumpto, objecto do meu requerimento, não é questão de campanario, como usam dizel-o ; mas um negocio importante, grave, que está no interesse de toda a provincia do Alemtejo e do paiz.

Correspondencias que me enviaram de Evora, referem que, na maior parte d'aquelle districto, o partido progressista ha vencido as eleições das mesas administrativas de suas differentes misericordias ; e assim, e tão sómente por isto, que teem sido dissolvidas pelo respectivo magistrado as diversas administrações, e annullada por ultimo, a eleição da mesa da misericordia da villa de Reguengos.

V. ex.ª, como integro magistrado, conhece e bem assim a camara, que este acontecimento envolve a questão geral que assoberba o paiz, e uma questão especial de direito, que os representantes da nação não podem deixar de attender.

Sr. presidente : — V. ex.ª sabe, muito bem, existir na actualidade uma seria questão geral, que affecta gravemente o paiz ; sabe que todos os povos dos differentes districtos do reino se queixam de onerados pelas razões que já por vezes foram trazidas a esta e á outra casa do parlamento.

A lei ultima de administração civil deu ao districto, ao municipio e á parochia a faculdade de angmentarem constantemente as contribuições, *extra limites,* não attentando nos recursos locaes, nem calculando a materia tributavel ; pelo quê vão ruindo as finanças das localidades, e logo e directamente as do estado, além do enorme vexame que soffrem os povos.

Com esta lei, que o governo prometteu emendar e que não emendou, v. ex.ª conhece de sobra que os povos se sentem aggravados; e maxime, porque, ao rapido e constante augmento das contribuições, accresce mais ainda o baixo preço porque tem sido vendidos os cereaes, em concorrencia com os trigos americanos, que dominam os nossos mercados. Não só a imprensa a tem referido, mas até já echoou nas duas casas do parlamento: — a crise agricola vae lavrando latente no paiz; e sou testemunha de que é fundo o desanimo entre os agricultores. Porquanto uns, os menos remediados, os de maior carencia de meios, abandonam as terras; outros, os que logram resistir mesmo assim, pedem diminuição nas rendas, tendo, além do que, para pagarem essas rendas diminuidas, de se lançar nos braços da usura, não obtendo os capitaes mutuados senão a juros exhorbitantes.

Não trago para aqui hoje a crise agricola do paiz; d'ella tratarei quando aqui vier, bem como outros illustres deputados, á frente dos agricultores que pedem justiça; justiça que remedeie estas desgraças publicas. Se produzo agora taes considerações, é só porque eu digo a v. ex.ª e á camara que além do peso dos tributos sobre o agricultor, e além do preço excessivamente baixo porque se vendem os cereaes, é triste que se procure cimentar a anarchia em a nossa administração. E o acontecimento que eu hoje refiro é symptoma da mesma anarchia.

Não só em Evora succedeu; manifesta-se em todo o reino. E tão verdade, que já outros srs. deputados trouxeram aqui factos identicos.

Sr. presidente: — A auctoridade administrativa é para manter a ordem, para serenar os animos, e não para os incitar; e maxime ao presente, em que as paixões, occultas na sombra, vão azedando com a miseria publica.

Mas ao inverso, ella serve para os acirrar com a arbitrariedade de seus actos, contrarios á lei, que os povos respeitam e pedem que se cumpra.

Como disse, ao apresentar o meu requerimento, as mesas administrativas dos estabelecimentos pios e de beneficencia, em quasi todo o districto de Evora, foram eleitas a contento do partido progressista, e por isso mesmo as teem dissolvido; porque o governador civil entende que a beneficencia é de um partido, que é o partido regenerador; que só esse tem coração largo e caridoso para apostolar o bem. Esse partido, em verdade, tem exhibido provas de alta competencia nos acontecimentos da Madeira, de Ourem e do Porto.

Este é o bem, sr. presidente, de um partido que se quer impor á beneficencia!

Eis a razão porque, srs. deputados, eu chamo a vossa attenção e a do governo para estas demasias do primeiro magistrado do districto de Evora.

Tratarei agora da questão juridica.

Sr. presidente: — O acto, que praticou o delegado do governo, desfazendo a eleição da mesa administrativa da misericordia da villa de Reguengos, é illegal porque ao governador civil não lhe dá a lei poderes para annullar a eleição de um corpo administrativo por um simples alvará; e só isto pertence a um accordão proferido pelo conselho de districto, exercendo as funcções do contencioso. V. ex.ª vê que assim o diz o codigo administrativo no artigo 243.º, n.º 2.º, pois confere ao conselho de districto, como tribunal contencioso, o julgamento em primeira instancia da reclamação feita pelas diversas auctoridades, sobre eleições dos corpos administrativos, confrarias e administrações de estabelecimentos pios e de beneficencia.

O artigo 337.º diz, quando e onde se devem apresentar essas reclamações contra a illegalidade dos actos eleitoraes.

Ora, no districto de Evora, concelho de Reguengos, não houve protestos nem reclamações, porque não constam da acta d'aquella eleição ; logo não podia dar-se acto contencioso ; e por isso um alvará, de simples audição do conselho de districto, não tem a força juridica para annullar o acto que constituiu legalmente aquella mesa administrativa.

Era preciso, repito, que houvesse acto contencioso, e sobre elle incidisse um accordão ; e se lhe tivesse incidido um accordão, ainda era preciso que esse accordão se verificasse no segundo domingo immediato ao do apuramento, como preceitua o artigo 340.º do codigo administrativo.

É isto o que não se cumpriu, porque a annullação feita pelo governador civil do districto de Evora vem a lume cinco mezes depois ! ! !

É de tal grandeza a arbitrariedade praticada por aqnelle funccionario administrativo, que tendo approvado um orçamento supplementar da corporação a que me referi, cinco mezes depois veio destruir aquillo que sanccionára e auctorisára com a approvação do mesmo orçamento !

Eu sei que a auctoridade administrativa pretenderá soccorrer-se do artigo 186.º do codigo, emquanto á tutella que compete ao governador civil sobre as corporações pias e de beneficencia ; mas tal artigo não póde ter applicação para o caso, porque as suas disposições são taxativas, não podendo por isso applicar-se além dos casos para que a lei estatuiu.

Resumindo as poucas reflexões que tive a honra de apresentar á camara, a quem rogo me desculpe haver-lhe tomado tanto tempo a sua attenção, peço ao sr. ministro do reino que, usando da faculdade que lhe compete pelo artigo 189.º do codigo administrativo, mande revogar o acto do governador civil, infractor da lei.

V. ex.ª sabe, e eu demonstrei, que a auctoridade administrativa, não póde annullar a eleição de uma confraria, depois de lhe ter approvado um orçamento supplementar. Approvando o orçamento, deu-lhe meios de vida, reconheceu a sua existencia legal; e por consequencia não podia vir, cinco mezes depois, annullar o corpo gerente, a que dera vida pela approvação d'esse documento.

Espero, portanto, que o sr. ministro do reino, a cujo conhecimento hão de chegar as minhas palavras pelo *Diario da Camara*, revogará a decisão do governador civil, o que póde fazer como melhor o sabe, pelo artigo 189.º do codigo administrativo, que reza do seguinte modo:

(Leu.) [1]

Espero isto, porque aquella arbitrariedade vae ser sanccionada por outra. No dia 11 d'este mez vae proceder-se a nova eleição.

A parte offendida já recorreu para a estação competente, que é o supremo tribunal administrativo: e d'este modo, ou o sr. ministro do reino, usando da força que lhe dá o artigo 189.º do codigo administrativo, revoga o acto illegal do seu delegado; ou, aguardando a decisão do recurso, manda suspender a nova eleição.

Vou terminar, sr. presidente, por onde comecei.

As auctoridades administrativas não devem intrometter-se nos interesses dos particulares e nos actos da admi-

---

[1] As resoluções tomadas pelo governador civil pódem, em todos os casos e a todo o tempo, ser revogadas pelo governo.

nistração, quando legalmente praticados, dissolvendo corporações, só porque os seus vogaes pertencem a um partido contrario.

A auctoridade não tem partido, mas simplesmente por norma do seu procedimento a lei, e por dever a justiça, *(appoiados)* pela qual me cumpre pugnar, como acabo de fazer, na qualidade de representante dos meus constituintes, e como defensor natural dos seus direitos.

Tenho dito.

O conflicto de Braga e Guimarães. Discurso na Camara dos Senhores Deputados : — 25 de janeiro de 1886.

enhor presidente: — Em conformidade ás praxes seguidas n'esta casa, começarei lendo a moção de ordem, que o meu dever me incumbe de enviar para a mesa. (Leu). [1]

Vejo-me n'uma posição especial, em face do melindroso assumpto que tratamos : de um lado, o sr. Emygdio Navarro, combatente da opposição, proferindo um discurso todo de ordem e paz; do outro, um minis-

---

[1] **MOÇÃO DE ORDEM**

A camara, reconhecendo o governo responsavel pelo conflicto entre os concelhos de Guimarães e Braga, e que elle não tem ao presente a força necessaria para conciliar os animos, mantendo o socego publico ; a camara, passa á ordem do dia. — Luiz Jardim.

Foi admittida.

tro da corôa, talento reconhecido, discursando de molde a. avolumar a excitação dos animos, attentas as declarações que acaba de fazer.

O illustre deputado, o sr. Emygdio Navarro, engrandeceu o seu eloquente discurso de ditos espirituosos, de citações litterarias, de conceitos de muito sizo, e convidando os animos á concordia, chamou a attenção da camara para a questão fazendaria. O sr. ministro da corôa, culpado em tudo isto, porque ao seu proceder administrativo se devem as iras reaccesas entre os dois povos do Minho, Braga e Guimarães, ousa n'esta conjunctura produzir declarações, a que não seria de mais,·chamar-lhes: — incendiarias.

É, ou não, s. ex.ª o unico culpado d'este conflicto, que rescalda ha dois mezes aquellas duas cidades, conflicto que os telegrammas de hontem e de hoje dizem ir-se alastrando do centro dos dois concelhos ás freguezias ruraes? Pois isto não representa realmente um estado de discordia, que por desgraça póde converter-se em desordem?

Na sessão anterior, o illustre chefe do partido progressista, o sr. Luciano de Castro, provocou o governo a que desse explicações cathegoricas áccrca do conflicto levantado entre as cidades desavindas; que nos dissesse quaes as providencias que tencionava adoptar na pacificação dos animos excitados. Debalde foi a interrogação; e tão inuteis fôram as instancias dos deputados que proseguiram no assumpto, pedindo ao governo que declarasse o modo como havia de derimir a contenda dos descontentes.

O governo então, e ainda agora, furtou-se a declarações precisas e claras, balbuciando apenas que não tinha por emquanto opinião definida. Que ao começo do conflicto se inclinára a favor de Guimarães, mas que depois, protestando Braga, ficára perplexo; e que em taes circumstancias não podia o governo resolver sob o influxo das paixões, e que nem o governo nem a camara podiam tomar resoluções precipitadas.

Tal qual a resposta do governo! E esta foi ainda a affirmação da dialectica armada do sr. ministro do reino. Mas que importa, se pela discussão se averiguou que ao governo competiam serias responsabilidades n'este conflicto, não só a começo, mas tambem no seu desenvolvimento ?

Os deputados de Braga e os da opposição já convenceram a todos de que essa responsabilidade era gravissima : grave porque o governo alimentou o conflicto das duas cidades ; e mais grave ainda, porque a sua resposta, nada resolvendo, prolonga a irritação dos animos, *(appoiados)*. Foi isto o que se averiguou na verdade dos factos ; e foi isto o que os argumentos n'elles baseados vieram demonstrar ; de modo que o governo, apertado n'estas circumstancias, ou ha de responder, ou tem de se demittir.

Respondendo, daria signal de vida e força. Se não, é porque não tem auctoridade para resolver o conflicto creado : — demitta-se.

Mas o governo não se demitte, nem dá ingresso a outrem, que não creou compromissos ou responsabilidades, para que solva a questão. D'este modo, resta-nos tão sómente o direito de prostestar.

O governo é o auctor d'este conflicto, logo é responsavel por elle.

E, se o homem na vida particular é responsavel por seus actos, muito mais lhe é obrigação de o ser na vida publica.

Porque razão o governo, creando este conflicto, o não resolve ! Quem lhe deu causa ?

O seu desleixo administrativo, a sua nenhuma attenção

pela auctoridade moral que deve revestir todo o funccionario publico, e a sua protecção a poderosos de competencia ignorada.

Foram estas as causas que deram logar ao conflicto, e que o excitaram por maneira, que hoje se transformou em grave questão de ordem publica, a que o governo não encontra remedio.

Porquê, srs. deputados?

Levanta-se um conflicto entre alguns homens, aggredindo-se nos jornaes, veem aos corpos collectivos, invocam-se razões, promovem-se *meetings*, revolvem-se as massas populares, e o governo não procede, nem toma providencia alguma?

Ha quasi sessenta dias que, diante dos olhos do paiz admirado, se desenrola este quadro extraordinario, por certo, de duas cidades importantes e sympathicas por tantos motivos, a degladiarem-se; e em cujo peito se vão atiçando os odios, á proporção que se demora o remedio para o conflicto que as separa.

Ninguem outrem, senão o governo, é responsavel por este estado violento, que lhe accusa a fraqueza, e a impossibilidade absoluta, em que se afundou, de manter a ordem, quando seja alterada.

São os seus actos que assim o juram.

Qual Cesar romano, que a um ou outro general do pretorio dava um governo longinquo, na Asia ou na Africa, a explorar, libertando-se d'esta maneira do terrivel concorrente; assim o sr. ministro do reino, tambem *Cesar,* deu o districto de Braga ao sr. marquez de Vallada, para soffocar as ambições, tanto de respeito d'aquelle magnate e procere! Libertou-se da palavra, auctorisada por certo, que lhe punha medos no animo; mas, á semelhança d'aquelle sabio da meia-edade, creador de um homunculo, é esse

150

que o mata hoje, ao governo, enroscando-se a elle, e baqueando-se com elle em terra.

Quando o *edificio* do governo desabar em ruinas, logo que desfeita a grande poeirada, ver-se-ha o que ficou d'esta situação cheia de promessas, de sophismas (como se sophismas fossem verdades!), cortada de palavras sonoras, de despezas avultadas, de reformas grandiloquas, de promessas constantes; o que tudo, na realidade das cousas, não mede uma acção boa, antes, encobre uma conta de injustiças, que está pedindo a final liquidação.

Deixemo-las, por agora; que esta, a que sobresalta uma provincia, e que se vae alargando, como tudo a que dão interesse, vida e convicção as paixões do povo, — que esta, digo, não é a somenos!

Sr. presidente: — Não desejo abusar da attenção da camara; e vou, portanto, ser breve. Além do que, eu sou respeitador dos srs. ministros, e o que eu protesto é contra a sua administração, da qual me cumpre, como deputado, pedir-lhes a responsabilidade.

Vejamos de como o governo deu nascimento ao conflicto; de que maneira lhe encaminhou os passos, e de que *arte*, ao crescer d'essa questão em discordia, a ungiu, dando-lhe a beijar, em premio, o sello da sua auctoridade.

Um dia, a 28 de novembro ultimo, honestos procuradores de Guimarães sairam da junta geral de Braga, por quererem abster-se de votar um melhoramento, por certo de interesse publico, mas que se lhes afigurava a elles oneroso para os concelhos do seu districto. Ao partirem de Braga aquelles procuradores, insultaram-nos com vaias, chufas, gestos aggressivos, levando-os, finalmente, á pedrada durante duas leguas!

N'uma cidade de outro qualquer paiz em que tal succedesse, ninguem poria duvida em que a auctoridade iria proceder. Pois em Braga, cidade *distante,* e onde regia um general do pretorio, a auctoridade deixou de proceder, como se o insulto fosse caso de pouca monta! *(apoiados)* Fez mais, recebeu de boa sombra os arruaceiros e se congratulou com elles! *(apoiados).*

A camara, a junta geral, a imprensa periodica, e as pessoas sensatas e gradas de Braga, todos reprovaram as arruaças dos insultadores; aqnelles a quem corria o dever e a obrigação de castigar os desordeiros, approvaram-lhes o seu procedimento; *(apoiados)* e o ministro, que ha pouco havia honrado o seu procónsul administrativo, deixou tudo correr à revelia, e não tomou as necessarias providencias! *(apoiados).*

Succede, porém, que esses procuradores eram representantes de uma cidade, e que esta, perfilhando a offensa que lhes tinha sido feita, resolveu pedir a sua desannexação da antiga metropolita das Hespanhas, cortando desde logo as relações officiaes com Braga, e durante um mez, sem que o governo tomasse qualquer medida de governação *(apoiados).*

Aqui está um jornal do dia 30 de novembro, em que se diz, que Guimarães ficaria contente com a demissão do governador civil. Pois este funccionario, agora sem prestigio por tantos e tantos motivos, e mais desauctorisado ainda por lhe haverem eleito, os proprios regeneradores, uma camara municipal contra a vontade d'elle...

(Interrupção do sr. José Borges).

Apesar de tudo isto, o governo não aproveitou o ensejo para o demittir, conciliando assim os animos sobresaltados.

A junta geral do districto, já a 2 de dezembro, lançára na acta das suas sessões um voto de censura ao governador civil, por não haver elle tomado as providencias necessarias, e repellido o acto aggressivo da populaça.

N'essa occasião egualmente todos haviam significado profundo sentimento pelo facto a que me estou referindo; e o governo não só despresou o ensejo, repito, para conciliar os animos, mas fez mais: quando depois os delegados de Guimarães vieram a Lisboa, affirmou-lhes que faria propria a sua causa, e que tomava o maior interesse em que ella fosse decidida consoante o desejo d'aquelles povos.

Tenho aqui o jornal onde isto vem estampado. É uma folha de Guimarães, dizendo que os delegados, depois de terem fallado com o sr. presidente do conselho e com o sr. ministro do reino, voltaram á localidade a transmittirem essa declaração.

N'estas circumstancias, coincidindo a affirmativa do governo com a apresentação do projecto do sr. Franco Castello Branco n'esta casa, os habitantes de Guimarães não duvidaram que os poderes publicos estavam firmes em patrocinar os seus desejos (apoiados).

O governador civil já affirmou na camara alta haver mandado levantar um auto de investigação sobre os factos occorridos; não me consta, porém, a mim que elle o tivesse mandado para juizo.

A mim não me consta, repito, que elle o tivesse mandado para juizo, nem conheço tão pouco quaes foram as penas impostas aos insultadores; se eram de injuria, de insulto ou pelo crime de volta: emfim, ignoro de que natureza foram.

O que me consta apenas, é que, depois d'estes acontecimentos, o governo não procedeu; que não teve força nas suas auctoridades; que não empregou os meios suasorios; e que, finalmente, sem consultar os deputados de Braga, dava razão a uma das partes, sem a outra ser ouvida.

Por estes factos se conclue evidentemente que os acontecimentos, que ora estou discutindo, são... filhos naturaes do governo; e, se agora os não quer legitimar, elles, todavia, teem a *posse de estado*, pois teem documento publico, em que seu pae os reconhece. Por isso vae correndo o processo.

Sem duvida um processo irritado de paixões, em que os animos sobresaltados estão a pouco trecho da desordem.

Mas que importa isso ao governo? Elle diz que não resolve por emquanto.

Quando a agitação, commum ás duas cidades, se affirmar mais forte; quando a discordia se dilatar pela intransigencia que multidões costumam arrastar em sua paixão; quando isto vier, então veremos que o governo, consoante ás suas idéas de afagar o poderoso, se voltará para o lado da força *(apoiados)*.

Eis por que eu protesto, como deputado, contra um governo que não tem auctoridade para manter a ordem; *(apoiados)* contra um governo que saiu fóra da legalidade; *(apoiados)* e os governos que saem fóra da legalidade devem abandonar as cadeiras do poder *(apoiados)*.

A questão politica é esta: o governo incita á desordem *(apoiados)*.

Tenho dito. Termino, agradecendo a v. ex ª e á camara a benevolencia com que me escutaram.

Vozes: — Muito bem.

Discurso proferido na Camara dos Srs. Deputados: — sessão de 8 de fevereiro de 1886.

(MANOEL FERNANDES THOMAZ)

enhor presidente: — Em uma das sessões da semana finda, pediu o meu illustre collega e amigo, o sr. Lopes Vieira que a mesa enviasse ás respectivas commissões aquelle requerimento de D. Carolina Fernandes Thomaz, pedindo a esta camara lhe vote uma pensão.

Não me encontrava eu n'esta sala, ao tratar o illustre deputado da maioria este importante assumpto.

D'este modo, eu desconheço as razões que s. ex.ª produziu para fundamentar a sua petição; quaes ellas fossem porém, não só as respeito, mas até peço licença para as perfilhar.

E assim concertamos os nossos rogos para que a illustre commissão de fazenda defira a favor de uma causa tão sympathica, e que está no animo de nós todos.

Sr. presidente: — Não é só agora que o assumpto veio

a esta camara. Em sessão de 25 de janeiro de 1880 o sr. Castro Monteiro, então egualmente meu collega n'esta casa, entregou na mesa que v. ex.ª dignamente representa o requerimento de D. Carolina Fernandes Thomaz, viuva de Manuel Joaquim Fernandes Thomaz, cidadão fallecido em Coimbra, quando era secretario da Universidade, e em taes circumstancias de pobreza que sua mulher, privada de recursos para as necessidades da vida, veio impetrar dos poderes colegisladores uma pensão.

Confirmo as palavras d'este illustre deputado, quando diz ser a requerente viuva do ultimo filho do grande liberal Manuel Fernandes Thomaz.

É certo, e bem o affirmou, que este varão illustre (refiro-me ao grande patriota), tendo legado aos seus um nome glorioso na historia contemporanea pelos serviços dispensados á revolução liberal de 1820, só lhes deixara como herança — a penuria, em vez do conforto indispensavel a uma vida remediada, a que lhe dava jus o seu nome honrado.

É certo egualmente o que o illustre deputado referiu, quando disse que as côrtes de 1820, reconhecendo a audaciosa iniciativa d'aquelle legislador, haviam votado a pensão de 1:000$000 réis annual á sua viuva, e outra de réis 500$000, tambem annual, a cada um dos seus filhos, o que tudo fôra sanccionado por lei de 29 de janeiro de 1823.

Tal foi, sr. presidente, e com desenvolvimento mais largo, a exposição d'aquelle deputado; e com ella de todo o ponto verdadeira, e razões convincentes, mostrou que o requerimento da infeliz senhora que me honro de conhecer pessoalmente, e a cujas virtudes prestei sempre o maior respeito, que o seu requerimento, emfim, devia ser deferido.

Em sessão de 30 de março, ainda d'aquelle anno, um

outro meu illustre collega no parlamento, o sr. Rodrigues de Freitas, pediu novamente á esclarecida commissão de fazenda que prestasse a devida attenção á supplica da viuva de Fernandes Thomaz; e taes razões apresentou que ficava esperando pelo despacho favoravel.

Sr. presidente: — Peço licença a v. ex.ª e á camara para ainda dizer, em reforço do que está referido, algumas breves palavras.

Não pertence exclusivamente ás côrtes e á lei citada a concessão meritoria de uma pensão á viuva e filhos do illustre caudilho da nossa mais generosa revolução politica. Compartilhou d'ella tambem a lei de 25 de abril de 1835, concedendo egualmente á viuva uma annuidade de 600$000 réis.

São, porém, decorridos cincoenta annos, e n'este longo percurso de tempo é extranho que se não haja executado a disposição das leis!

As leis citadas, sr. presidente, fizeram-se para acudir á familia do homem que n'este paiz ousou, o primeiro, reclamar para o povo portuguez os direitos e liberdades, que em verdade constituem o seu patrimonio natural, comquanto n'esse tempo lhe andassem usurpados pelo poder absoluto.

A nação está hoje gosando esses direitos e liberdades que o pertinaz reformador pediu, firme e convicto, nas celebres constituintes de 1822; mas só em paga de taes serviços e do esforço que este homem empregou para libertar um povo da tyrannia e da oppressão, só obteve o esquecimento!

Mau exemplo aos vindouros *(apoiados)*.

Sr. presidente: — É da nação esta divida sagrada; e cada anno de detença em satisfazel-o cada vez mais agrava e mais deprime o pundonor nacional.

Já nem pódem executar-se as leis referidas, porque então ellas legislavam para os vivos; e hoje a esposa e filhos do grande patriota são descidos ao tumulo. Existe, porém, a viuva do ultimo filho de Fernandes Thomaz; e, como vem impetrar o pagamento da divida nacional, que não prescreve, pois é divida de honra, é tempo, sr. presidente, é tempo de conceder a pensão pedida; glorificando assim, com um tributo respeitoso, a memoria do nosso maior liberal, tão honrado quanto modesto.

O auctor da *Galeria dos deputados* das côrtes constituintes, instauradas em 26 de janeiro de 1821, quando escreve de Fernandes Thomaz, recommenda á nação que seja grata e reconhecida aos prestimos relevantes do illustre patriota.

O que não diria elle hoje, o bom do escriptor, se hoje ainda fosse vivo? Elle, que não via na praça publica estatua áquelle notavel tribuno; elle, que nem via o seu retrato nas bibliothecas populares! Antes seria testemunha de que tão grande memoria anda riscada e apagada da nossa lembrança a tal ponto, que lhes respondemos com o silencio da indifferença a uma senhora respeitavel da sua familia que nos pede uma pensão!

Sr. presidente: — O paiz não póde consentir n'isto.

Foram os principios proclamados em 1820 que deram ao depois, embora modificados, vida, physionomia e futuro ao partido liberal, animando sua fé, exaltando seus brios na adversidade, na lucta e no exilio.

Aqui está a verdade; e tal foi a expressão de Rebello da Silva, ao curvar-se reverente diante de um vulto dos maiores da historia contemporanea.

Fernandes Thomaz foi homem de acção energica pela invasão dos francezes; homem de profundo saber no commentario das nossas leis; juiz de consciencia administrando a justiça; e politico generoso a quem este povo mais deve.

E deve, sr. presidente. Porque, passada a invasão franceza, a terra brilhante de D. Manuel ficára pobre; a agricultura tinha desabraçado os mais robustos de seus filhos para a guerra; as aguias do imperio haviam devastado e destruido campos e aldeias; em nossos portos só fluctuava o pavilhão extrangeiro; e na governança publica a vontade de extranhos impunha-se a uma regencia fraca e ignobil; as prisões regorgitavam dos que chamavam liberaes; e, ao pé da torre de S. Julião, suppliciavam Gomes Freire. A nação estava exhausta e esmagada; não tinha, porém, morrido.

Fernandes Thomaz que sentia nas arterias o sangue portuguez, sabedor das desgraças publicas, e pela sciencia das leis da vasta architectura do poder absoluto, que pesava sobre o povo; vendo na sua época as monarchias do direito divino agonisantes, e o espirito moderno a erguer-se por sobre as ruinas das instituições, a quem não salvava a consagração dos tempos, conhecendo ainda que a felicidade dos povos dependia do reconhecimento legal dos direitos naturaes que criam a personalidade juridica; — Fernandes Thomaz, o iniciador, o tribuno, o legislador e o cabeça da revolução politica em 24 de agosto de 1820, foi por tudo isto o vidente de uma nova era (apoiados).

Como o gigante da grande lenda das navegações, ergue-se entre dois mundos: — o conhecido e o porvir; com o arrojo do genio impelle o povo para o futuro. Em tão arriscada viagem das liberdades é o gigante das tormentas que se chamam revoluções.

Sr. presidente: — Nós, os homens de hoje, devemos ser coherentes. Ou temos um evangelho liberal com os seus apostolos que nos merecem respeito e culto, pois que assim honramos o nosso credo; ou já se foram as tradi-cções respeitosas e os altares, onde se officiava a religião da nossa crênça.

Tenhamos justiça e verdade.

Toda a causa, para ser grande, pede generosidade e sympathia. Vimos os honrados seguidores do partido migue-lista (e nunca ninguem caiu com mais dignidade) cotiza-rem-se entre si para soccorrer uma familia proscripta; nós, os filhos dos vencedores de hontem, não nos quotisámos, nem lançámos pregão sobre o paiz, em nome da memoria mais honrada, mais nobre e mais completa de abnegação, que tem tido a época moderna a uma causa justa.

Sim, sr. presidente, já aqui tres deputados ergueram a voz sobre o assumpto, e a camara ouviu-os com indifferença !

Pois eu affirmo: o que não honra os paes em sua me-moria não é bom filho. E nós, corpo legislativo, somos fi-lhos d'aquelle honrado liberal que creou as côrtes de 1820. Muitos teem asseverado que taes côrtes foram theoricas; pois eu contesto: — que foi a ingenuidade d'essas côrtes; as suas illusões generosas, como são as dos grandes genios e as das revoluções humanas; que foi esse generoso mo-vimento, a que o povo deu um hymno encantador, — o hymno de 20; e as duas vozes mais eloquentes da penin-sula, bella revolução a qual se ergueu sobre as ruinas do passado, como as aves depois da tempestade; que foi essa revolução humana, e cheia de formosas theorias, que tor-nou facil o advento das ideias positivas de um governo li-beral e de um codigo politico.

Imagine-se que essa revolução realisava um 93, e ve-riamos que não seria para nós uma tradicção cheia de sau-dades, ou lembrança de affecto e respeito; mas antes a mancha escura em uma das paginas da nossa historia po-litica, que desejariamos passar sem ler.

Não, senhores, não é. Ainda sabemos de cór o hymno de 20. Ainda acatamos os apostolos que o foram da nossa causa.

É de justiça que deponhamos sobre o seu tumulo, exalçando-lhe a memoria, o nosso grato respeito; ou melhor, que vamos ao seio da sua familia levar-lhe a alegria e a boa sombra da nossa presença. *(muitos appoiados)*

Disse.

Vozes : — Muito bem.

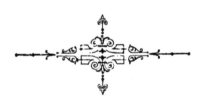

A proposito da reforma das pautas — A questão dos cereaes — Discurso pronunciado na Camara dos Dignos Pares do Reino: — Sessões de 8 e 9 de agosto de 1887.

enhor presidente: — Pela primeira vez ergo hoje a minha voz n'esta casa, e em circumstancias difficeis, porquanto fallo depois do sr. Hintze Ribeiro, homem de grande illustração, que foi meu discipulo e é agora meu mestre, e igualmente depois do sr. Pereira de Miranda, cuja competencia em questões aduaneiras é assás reconhecida: eis porque não começarei, sem que primeiro peça venia aos meus dignos collegas n'esta casa do parlamento.

Tão illustres são as suas tradições, de tal peso os nomes dos proceres, de quem tenho a honra de ser co-legislador, que eu me furtaria a um dever, se não fizesse appello á sua benevolencia, impetrando-lhes a attenção que a propria generosidade e policia urbana me podem conceder, mas que certamente não mereço. É o que faço.

Senhores, temos em discussão a reforma das pautas.

Depois da ultima organisação alfandegaria haviam nas-cido tantas industrias novas, e peiorado as circumstancias de tanta outra, accrescendo a urgencia de reger e augmentar as receitas publicas, que de ha muito se esperava uma reforma aduaneira, e que a melhor seria a que viesse por completo dar satisfação ás necessidades economicas, mercantis e agricolas, que nos ultimos dez annos se teem experimentado em Portugal.

Assim, começarei louvando ao sr. ministro da fazenda por haver trazido ao parlamento esta sua reforma. Já o seu illustre antecessor mostrára a conveniencia d'ella, argumentando com as modificações tributariäs, leis especiaes e novos tratados feitos com as nações estrangeiras; o que tudo havia enredado a pauta, fazendo-a prolixa, desconnexa, difficil na applicação. É certo que a edição pautal de 14 de setembro de 1885, abrangendo as prescripções do ultimo tratado de commerció com a França, havia reunido em tomo essas modificações e leis, coordenando, simplificando.

Mas, o que não podia uma compilação, ainda que methodica, era fazer alterações consoante ás necessidades publicas, consoante aos principios da boa administração, isto é, os que se inspiram no movimento social moderno, onde um outro mundo, ao envez do antigo, de tantas especies de industrias e um grande commercio transformaram as condições da vida local de cada povo e as da vida da Europa em geral.

N'estes intuitos, eu o creio e os factos o demonstram, não tendo sido discutida a reforma das pautas de 6 de fevereiro de 1886, trouxe o sr. Marianno de Carvalho, com as propostas de fazenda, a sua reforma aduaneira.

Senhores, a presente reforma, ainda que, no dizer de s. ex.ª, em seus traços principaes, seja modelada pela do seu antecessor, é intuitivo que em muitos e importantes, maxime depois do estudo e emendas nas commissões de fazenda das duas camaras, é intuitivo, repito, que ao presente differe não pouco do projecto que veiu ao parlamento em 1886.

A necessidade de augmentar a receita do estado, *razão fiscal;* a necessidade de proteger a industria da nação da concorrencia das industrias similares estrangeiras, *direitos protectores;* e a conveniencia de simplificar serviços, para a melhor cobrança e arrecadação dos dinheiros publicos, *administração;* estas as tres razões principaes e unicas que explicam as dissimilhanças e differenças.

Comecemos pela ultima : *conveniencia de simplificar serviços.*

Foi esta a causa porque o sr. ministro da fazenda, como elle proprio declara, eliminou das pautas os generos isentos de direitos de importação e onerados tão sómente com o imposto de 2 por cento *ad valorem* (artigo 1.º § 3.º da lei de 26 de junho de 1883), para os descrever em tabella especial, onde agora estão reduzidos a setenta e dois artigos ; foi esta razão porque fez agrupamentos dos outros productos que pagam os direitos geraes especificos ou *ad valorem*, para melhor os classificar, reduzindo d'est'arte, em seu projecto, os artigos da pauta a 331. (Supprime 330 da pauta vigente e 109 da proposta de 1886 ; no projecto da commissão da camara dos deputados ficam aquelles 331 reduzidos a 321). Finalmente foi ainda pela conveniencia de simplificar serviços que adoptou o principio da unidade das taxas, concentrando todos os addicionaes n'um direito unico, facil de conhecer pela simples inspecção.

Estas reformações, que uma vez feitas, trazem á lembrança a anedocta do ovo de Colombo, são todavia importantes.

Realisando-as, o sr. ministro da fazenda facilitou as trans-

acções do commercio, pois assim nem é difficil a contagem
dos direitos ; é breve o despacho das mercadorias, sendo
de facil conhecimento o quantitativo do imposto sobre cada
uma d'ellas. Fôra em parte iniciado um tal systema pelo
seu illustre antecessor. E, como já disse, aconselha-o a boa
administração, porque favorece o expediente das casas fis-
caes, a brevidade dos despachos e a prompta documenta-
ção da receita. Foi de justiça o ampliar egual preceito ás
mercadorias originarias de paizes com quem celebrámos
tratados de commercio, e nas quaes separou, especifican-
do-as, as taxas contratadas do addicional para emolumentos
e imposto para portos.

Ainda que eu não esteja pelos tratados de commercio,
é certo, emquanto vigorarem, que devem ser cumpridos.
N'este assumpto, vê-se claramente, pela proposta n.º 4, não
terem sido offendidas as convenções diplomaticas. E a demonstração encontra-se no procedimento de s. ex.ª, expli-
cado no seu relatorio, onde é para louvar a lhaneza por
que desce a essas minucias.

Foi este o systema empregado para simplificar os serviços, e com o proposito de conseguir a boa administração
aduaneira.

Emquanto ás idéas economicas, que dominam a nova
pauta, é dever confessar que foram as idéas proteccionistas. S. ex.ª declarou hontem n'esta casa que fôra opportunista. É certo ; mas opportunista protector. N'este ponto
folgo de ter ensejo mais uma vez para louvar o meu illustre amigo, porquanto quer em seu primittivo projecto da
pauta, ou acceitando das commissões emendas importantes, muitas das quaes foram o assumpto de representações
dirigidas ao parlamento, n'esta parte, repito, o sr. ministro
da fazenda quiz favorecer, animar, desenvolver o trabalho
portuguez ; isto é, a industria, a agricultura, o commercio

e a navegação nacional, cobrindo-os directamente contra a concorrencia do trabalho estrangeiro.

No estado de adiantamento da sciencia economica, que, filha da observação, tira a sua lei suprema dos factos, eu cuido ser desnecessario demonstrar que s. ex.ª, procedendo d'este modo, manifestou um alto criterio.

Todavia, porque um digno par, o sr. Fernando Palha, aqui veiu exaltar a liberdade de commercio, que foi o thema de toda a sua argumentação, occorre-me o dever, como homem d'este tempo, de lhe impugnar as suas idéas.

Senhores, os aphorismos da economia politica orthodoxa são hoje ruinas! A Europa viu-se um dia animada das mais risonhas esperanças; e succedeu isto, quando uma pleiade notavel de homens de talento, á frente dos quaes davam a voz de commando Michel Chevalier e Bastiat, dominaram a opinião publica, submettendo os governos, a imprensa e os povos. Foi uma cruzada brilhante, que Rossi pagou com a vida, e Robert Peel, vendo morrer-lhe a popularidade!

E qual o resultado?

Á promessa do baixo preço das substancias alimentares respondeu-lhes a carestia das subsistencias. Imputavam ao systema protector, a carencia do trabalho, a penuria, a crise da terra e das industrias; e tudo isto se via repetindo periodicamente. Tinham como certo que a liberdade commercial daria o descer progressivo de armamentos e marinhas de guerra; e, quando Robert Peel vinha de fazer passar nas duas camaras a liberdade dos cereaes, foi mesmo então que elle propunha ao parlamento novos subsidios para a frota britannica. Ateimavam que, terminando o systema protector, viria o acabamento do systema colonial; que aos economistas se afigura um outro molde da mesma theoria; e a Inglaterra, affincada a suas tradições, continua conquistando por todos os pontos do globo. Affirmavam que, se uma nação industrial e commerciante seguisse o *laisser-faire*, logo todos os povos, possuidos d'esta liberdade, iriam com enthusiasmo para a mesma politica; e bem ao contrario succedeu, porque na Europa e na America todas as nações as vemos hoje na guerra das pautas! Finalmente, haviam proclamado a restricção dos governos em suas attribuições, até o limite de só manterem a ordem e a segurança, isto é, julgar e combater, concorrendo no prelio um illustre varão da egreja o padre Ventura de Raulica; e eis que, volvido meio seculo, por toda a parte no mundo, e maxime nos povos da liberdade individual, do individualismo, como a Inglaterra e America, vemos o estado, alargando-se em attribuições, em poder, em força, e dedicando-se a obras monumentaes e emprezas, que, nem o individuo, nem a associação, podem realisar, porque, consoante já disse na outra camara, a vida do homem e das associações é breve; e só não morrem os povos.

D'est'arte, senhores, assim julga a liberdade 'de commercio a historia politica e social do mundo moderno.

E taes os motivos porque, tocante ao lado economico, acho fundamento e razão ao systema protector seguido nas pautas.

Eu, sr. presidente, sou pela protecção a um determinado ramo de industria. E penso d'esta maneira, porque a protecção, garantindo lucros ao industrial protegido, não affrouxa nem impede os progressos e aperfeiçoamentos da sua industria: pelo contrario, estimula-os.

E estimula-os, porque os ganhos de uma industria protegida levarão para ella os capitaes e os braços. Chegará assim a concorrencia que melhora o producto e ha de embaratecel-o.

Devo eu proseguir?

Senhores, como pertencemos a uma epocha essencialmente positiva, consenti-me um outro exemplo tirado da
razão dos acontecimentos.

Houve um tempo em que os americanos só enviavam á
Europa as materias primas do seu paiz, recebendo em
permutação as substancias manufacturadas. Finda a guerra
separatista, porém, ao olharem a sua espantosa divida publica, sobrecarregaram os productos estrangeiros de enormes direitos de importação.

Nasceram d'aqui tantas vantagens que as suas manufacturas logo se multiplicaram e desenvolveram considera-
velmente.

Hoje, não só estão em circumstancias de vencer a concorrencia estrangeira nos mercados americanos, em que
são protegidos pelos direitos aduaneiros, mas até mandam
os seus productos fabris aos mercados da Asia, da Australia e da Europa, onde disputam a vantagem aos artefactos
inglezes, francezes ou allemães. Passo a ler o que a este
respeito diz um jornal contemporaneo:

« É principalmente nos Estados da Nova Inglaterra, e
nas cidades, que se concentram as grandes fabricas. Ahi
se produzem estofos de lã e algodão, rivalisando com os
da Inglaterra; sedas como as de Lyon e Zurich; sapata-
ria, objectos de couro, quinquilharias, armas, machinas de
costura, que ainda nenhum outro fabricante até agora pôde
exceder em barateza e perfeição; relojoarias como na Suissa
ou no Franch-Conté; instrumentos mechanicos, e machinas
a vapor, vigorosas e ageis. O Massachussets é o primeiro
estado da união americana emquanto ás fiações de estofos
de lã e algodão. O Connecticut occupa o mesmo logar emquanto ás sedas; e a perfeição das fitas de seda de Pat-
terson, na New-Jersey, conquistou para esta cidade o titulo
bem merecido de: — a Lyon dos Estados-Unidos. Além

d'estas manufacturas propriamente ditas, vêem-se junto do Atlantico numerosas moagens, que exportam para a Europa prodigiosa quantidade de barricas e saccos de farinha.

« A Pensylvania, graças ás minas de carvão de pedra e de ferro que ali se encontram, tem grandes fornos e forjas consideraveis. Pitsbourg, confluente do Alleghany e do Monongaéla, que, reunindo-se formam o Ohio, merece ser comparada com Birmingham e Schefield pela sua actividade metallurgica; e tem já mais de 100:000 habitantes. Philadelphia, é a primeira cidade manufatureira da União e a segunda pela sua população, graças ás diversas fabricas que alli existem para os trabalhos metallicos, para fiações, manufacturas de estofos e confecções. Pitsbourg e Philadelphia fabricam locomotivas para toda a America e para alguns paizes estrangeiros.

« Fóra d'esta região manufactureira, Chicago e Cincinatti possuem grandes estabelecimentos para abater rezes e preparar os diversos productos d'esse commercio, que são expedidos para todas as partes do mundo. Nas plantações da Luiziania cultiva-se em extraordinarias proporções a canna do assucar. Nos bosques da Carolina, prepara-se o alcatrão, a therebentina e o pez. O Maine tem numerosas serralherias e importantes estabelecimentos para construcções maritimas. Chicago fabrica machinas agricolas, que são exportadas para toda a parte.

« Uma pequena cidade do Illinois, Elgin, fabrica mechanicamente relogios por meio de processos tão aperfeiçoados, que a producção chega a ser de um relogio por cada dia e por cada operario.

« A industria da pesca exerce-se activamente em todas as costas. O estado de Delaware, entre as bahias do mesmo nome e de Chesapeake, é particularmente favorecido sob este ponto de vista. Em nenhuma parte do mundo está

170

tão desenvolvida a ostreicultura como em Chesapeake onde se colhem annualmente milhões e milhões de ostras. Ao longo das costas do Oregon e do territorio de Washington perseguem-se as phocas. Os Estados-Unidos exportam, além d'isso, para a Europa, lagostas, salmões e outros peixes, de conserva, em latas.» [1]

Assim, é de notar, comquanto seja um paiz da maxima liberdade, que a America tem as suas pautas proteccionistas; e que, á sombra d'ellas, viu crescer as operações industriaes e mercantis em todos os seus estados. E isto não succedeu apenas n'aquelle grande povo; por igual succedeu em todos os estados da Europa.

A prova é facil. O ministro francez da agricultura, Meline, dizia na camara dos deputados, em sessão de 10 de fevereiro de 1885:

« O movimento das trocas, que se traduz pela somma das importações e exportações, era na America, em 1872, de 1 milhar, 103:000 dollars; foi em 1882, de 1 milhar, 457 milhões de dollars. Em dez annos um augmento de quasi 2:500 milhões de francos. E assim que diminue o movimento das trocas n'este paiz proteccionista.

« Na Allemanha, a evolução proteccionista é mais recente, e as comparações não podem ir tão longe. Tomemos, todavia, o anno de 1872 em que a cifra das trocas era de 5,582.000:000 de marcos; pois em 1882 elevou-se a 6,320.000:000. É assim que diminuiram as trocas!

« Na Austria-Hungria, o movimento das transacções, que era em 1872, de 1.000.000:000 de florins, subia em 1882 a 1,000.414:000 florins.

---

[1] O orador não leu o artigo citado; tão sómente d'elle aproveitou o texto para fundamento de sua argumentação.

Na Russia, em 1874, era de 851.000:000 de rublos; elevou-se em 1881 a 957.000:000.

« Por igual succedeu na Italia. Montava a 2,109.000:000 liras em 1877; encontramol-o em 2,579.000:000 em 1883.

« A mesma demonstração se póde fazer, apesar do augmento dos direitos, em referencia á exportação sómente, em todos estes povos. »

Sr. presidente, n'um paiz, como este, em que os rendimentos aduaneiros são a primeira e a mais importante fonte de receita geral do estado, é de ver que, sendo proteccionistas com justo criterio, as pautas augmentam a receita; cumprindo-se d'este modo a terceira rasão, que presidiu á sua reforma: — *a rasão fiscal.*

Descerei, ainda que de carreira, a alguns exemplos, servindo-me, para defender as pautas, visto que o espaço de tempo é limitado, d'aquelles de que lançou mão o sr. Hintze Ribeiro para as combater. Um dos exemplos é trazido de nossas industrias; outro, da nossa agricultura. E fal-o-hei assim, para que demonstre não ter sido a rasão fiscal empregada sem criterio.

No que diz respeito ás industrias, tomemos o exemplo que foi citado: tecidos de algodão.

O direito sobre o algodão crú, da pauta vigente, subia com os addicionaes a 150,242 réis por kilogramma. Propunha a reforma do sr. ministro da fazenda 150 réis, desprezando a fracção decimal 0,242. A commissão de fazenda, porém, obteve o direito de 160 réis; o que representa a melhoria de 9,758 réis.

Este augmento foi de primeira justiça: porque o fabrico dos pannos de algodão crú tem, entre nós, já dispendido um grande material fabril; tem, alem de tudo, a sua aprendizagem feita; e mais a boa fama dos seus artefactos.

Hoje, em Portugal, possuimos sete grandes fabricas a vapor de tecelagem de algodão; e são ellas:

A companhia lisbonense, em Alcantara, que fia e tece annualmente cerca de 500:000 kilogrammas;

A companhia de Xabregas, que fia e tece 350:000 kilogrammas;

A fabrica de Thomar, que fia e tece 350:000 kilogrammas;

A fabrica de Alcobaça, que fia e tece 300:000 kilogrammas;

A fabrica de Salgueiros, no Porto, que fia e tece 400:000 kilogrammas;

A de fiação portuense, que fia e tece 250:000 kilogrammas;

A de tecidos do Porto, que fia, e tece 200:000 kilogrammas.

Alem d'estas, existem no Porto mais tres fabricas, que tão sómente fiam o algodão para vender, em fio, aos fabricantes de teares mechanicos, que são innumeros n'aquella cidade. Em Lisboa tambem existe uma fabrica, em Santa Martha, que só fia e vende aos tecelões manuaes.

Aquellas grandes fabricas fornecem abundantemente o nosso mercado de algodões crús; todavia, artefactos do mesmo genero e maior barateza, ainda se importam da Inglaterra em grande quantidade. Os nossos, porém, excedem aos algodões inglezes, porque são puros, sem gomma e de maior duração.

Os de proveniencia ingleza vêm ao mercado portuguez com um preparo especial que lhes dá aspecto de mais fortes que os nossos; mas, logo que são lavados, perdem a gomma, isto é, a consistencia e são de pouca dura. Ainda se vendem por preço inferior ao preço dos algodões nacionaes; mas, como se consomem mais rapidamente, ficam por isso mais caros. Eis o motivo porque já hoje no exercito e nos hospitaes tão sómente são admittidos nas arrematações os pannos portuguezes; mas os fornecedores illudem a prescripção administrativa, entregando muita vez pannos inglezes, imitando os nossos.

Assim, vê-se que o direito sobe no melhor ensejo; pois que, vendendo-se os algodões estrangeiros a preço inferior ao dos nossos, a differença do preço consente a elevação do direito, sem que abandonem o mercado; d'este modo continuará a nação a receber o direito aduaneiro. Além de que, estabelecida a igualdade na concorrencia, os consumidores darão primazia ao producto nacional, porque, como já demonstrei, aquelle é mais somenos; o que obrigará os algodões inglezes, não a retrahirem-se do mercado, mas a aperfeiçoarem a sua *confecção*, permitta-se-me o gallicismo; o que tudo, pela concorrencia, trará a melhoria dos nossos. Assim, por isto, e porque, existindo no paiz sete fabricas a vapor de tecelagem de algodão, bem como muitas outras manuaes, ellas garantem ao consumidor, pela concorrencia que entre si as rivalisa, não só melhores pannos crús, mas tambem pelo melhor preço; assim, repito, o augmento do imposto surgiu no melhor ensejo, porque garante a existencia e aperfeiçoamento d'esta importante industria; e, alem de tudo, affiança a subsistencia de muitos operarios.

Devo declarar que não nos referimos aqui aos pannos brancos proprios para estamparia. Esses não se fabricam no paiz.

Pagam actualmente 150 réis que, com os addicionaes, corresponde a 182 réis. O sr. ministro da fazenda propoz 190 réis. A commissão, porém, andou acertadamente, propondo sómente 185 réis, pois que são materia prima para as fabricas de estamparia, que, pelo tratado com a França, soffreram a reducção do direito de 650 réis em kilogramma a 500 réis. Isto é mais um exemplo de que a protecção da nova pauta se fez com justo criterio.

Relativo á nossa agricultura, a expiração do tratado com a Hespanha permittiu ao governo e á commissão modificar as taxas convencionaes, contra que o agricultor portuguez reclamára.

Assim, á importação do gado vaccum, como se vê logo na 1.ª classe, foi lançada sobre cada cabeça a taxa de 2$500 réis. Ao mesmo tempo foi abolida a taxa de exportação do gado vaccum pelos portos maritimos, nos termos da representação feita ao parlamento pelos exportadores de gado do Porto.

Outros direitos foram modificados; exemplo: o do azeite, que subiu de 500 a 700 réis.

Taes medidas, aconselhando-as a experiencia e crise de nossa agricultura, hão de certamente influir, com outras de não menos alcance, para que ella se erga do seu abatimento.

É de primeira intuição que se deve proteger a cria e selecção das raças bovinas, que as temos genuinamente portuguezas.

Para trabalho, isto é, para os trabalhos agricolas e de tracção, temos as raças *mirandeza* e *alemtejana*. Com iguaes aptidões, a do Ribatejo; e na parte das duas Beiras, a confinar com a Hespanha, em que predominam os typos *salamanquinos* e *malcatenhos*.

Ainda que não sejam de *ceva,* aquellas duas raças abastecem, todavia, os matadouros da provincia, e a sua carne é de excellente qualidade.

Das raças *alemtejana* e da fronteira das Beiras, o gado é pequeno, soffredor, resistente, sobrio, proprio d'aquellas duas regiões tão escassas de pastagens.

Temos para ceva a *barrosã,* a *arouqueza* e do *Cara-*

mulo, que não deixam tambem de ser raças de trabalho. Da *barrosã* e *arouqueza*, a primeira encontra-se por todo o Minho até suburbios do Porto; a segunda no districto de Aveiro. O centro de producção da terceira é a serra do Caramulo e Valle de Besteiros. Os animaes d'esta raça, aptos para os trabalhos agricolas e pesados transportes, teem igualmente condições de engorda, que os tornam aptos para a exportação.

Segundo informam os jornaes da provincia, é de preferencia na estação de Mangualde, em a linha da Beira Alta, que embarcam para o estrangeiro muitos centos d'essas rezes.

Raças leiteiras, temos duas: uma propriamente nossa, a *jarmelista;* outra nacionalisada, a *turina.*

A primeira, sendo convenientemente explorada, póde dar productos lacticinosos de primeira qualidade, e que tornem dispensaveis os de fabrico estrangeiro; a segunda, cujo leite é menos proprio para os lacticinios, é todavia abundante e superior para a alimentação.

Possuindo nós estas raças bovinas, o que tem acontecido?

Pelo mappa eloquente publicado no relatorio da commis são de fazenda da camara dos senhores deputados, vê-se que nos ultimos seis annos tem crescido constantemente a importação do gado vaccum, e diminuido a nossa exportação. E a tal ponto, que em 1886 importavamos 52:109 cabeças, no valor de 1.031:160$000 réis, e exportavamos tão sómente 6:361 cabeças, no valor de 556:825$000 réis!

«Ha, pois, diz o relatorio, um *excesso de importação*, que necessariamente suffocará a industria nacional da creação dos gados, se continuar a poder fazer-se livremente; e tanto mais, quanto em mais proximas condições de se abater esse gado der entrada no nosso paiz.»

Diz bem o illustre relator; porque já hoje o valor médio d'essas rezes importadas está a significar, como se vê do mesmo mappa, que a importação se inclina a introduzir no paiz, não os novilhos principalmente, mas os bois feitos, isto é, as rezes gordas.

Assim, trazendo-nos a importação não sómente os novilhos, mas rezes feitas, d'aqui veem dois grandes inconvenientes para o lavrador: o boi serve-lhe sómente para o trabalho, e, se o quizer vender, encontra a rez estrangeira a disputar-lhe o seu unico mercado, porque se lhe difficultou o mercado da exportação. É por isto mesmo que hoje dispensa a introducção dos novilhos gallegos. Para que? Se elle, recreando, não tem mercado sufficiente, pois que diminuiu a exportação? Demais, os novilhos sómente viriam concorrer á venda das crias que não póde sustentar.

Com o imposto sobre a importação do gado vaccum, indistinctamente, será favorecido o creador e o recreador.

Cuido ter demonstrado com estas reflexões a justiça do proceder do governo, aceitando as emendas da nova pauta. Outras considerações se me offereciam agora; como, porém, o meu objectivo é outro, dou-me pressa a entrar no assumpto para que pedi a palavra, isto é, a questão dos cereaes. Farei algumas reflexões sobre os n.ᵒˢ 187.º e 189.º da classe 9.ª da pauta.

Estabeleçamos primeiramente o estado da questão.

Segundo a *pauta geral das alfandegas*, nova edição official, contendo as alterações occurridas até setembro de 1885, o trigo estrangeiro paga de *direitos de importação* 10 réis por cada kilogramma.

Além d'isto paga tambem:

a) a taxa complementar *ad valorem*, creada e accrescida por lei de 18 de março de 1873 e de 23 de abril de 1880;

isto é, 2 por cento sobre o valor de 10 kilogrammas de trigo ;

b) o imposto movel *ad valorem* (ao presente 2 por cento) para as obras do porto de Lisboa e Leixões, creado por lei de 26 de junho de 1883 ;

c) 3 por cento sobre os direitos de importação, ou a percentagem que, para divisão dos emolumentos, é cobrada nas differentes alfandegas do paiz ;

d) e finalmente, o addicional de 6 por cento, instituido por lei de 27 de abril de 1882, e chamado imposto de cobrança, sobre os direitos de importação, taxa complementar, e imposto movel *ad valorem.*

Assim, suppondo que a média do preço de 10 kilogrammas de trigo é de 370 réis, no que nos não afastamos muito da verdade, e que se fixou o imposto movel em 2 por cento, o que o trigo estrangeiro paga realmente pela pauta é, por cada 10 kilogrammas :

Direitos de importação......	100	réis
2 por cento, taxa complementar sobre o valor da mercadoria, *ad valorem*............	7,4	»
2 por cento, imposto movel ou *ad valorem* ..	7,4	»
6 por cento sobre o direito addicional......	6,88	»
3 por cento de emolumentos sobre o direito.	3,00	»
Ou.....................	124,68	»

Dividindo este resultado por 10, vê-se que um kilogramma paga 12,46 réis.

O sr. Hintze Ribeiro, englobando em um só, com a reducção ou o augmento que julgou conveniente, o direito estrictamente pautal, a taxa complementar *ad valorem* de 2 por cento, e o addicional de 6 por cento, conservou o imposto movel *ad valorem* até 2 por cento [1] e a percentagem de 3 por cento, propondo na pauta o direito de 12 réis por cada kilogramma de trigo importado.

Assim, partindo da média de 370 réis, preço de 10 kilogrammas de trigo, e, attendendo a que, por occasião das propostas do sr. Hintze Ribeiro, era de 0,66 o imposto movel *ad valorem*, 10 kilogrammas de trigo, segundo essas propostas, ficariam pagando:

Direito................................... 120 réis
0,66 imposto movel, desprezando os millesimos.................................... 2,44 »
3 por cento de emolumentos sobre o direito. 3,60 »

Ou.................................. 126,04 »

Mas, para calcular com exactidão o que pagaria o trigo no momento actual, conforme a proposta do sr. Hintze Ribeiro, devemos entrar no calculo com os 2 por cento do imposto movel, e não com os 0,66. Assim, elevando a 2 por cento o imposto movel, como já se começou a pagar, teremos:

Direito................................... 120 réis
2 por cento, imposto movel.............. 7,4 »
3 por cento de emolumentos sobre o direito. 3,60 »

Ou.................................. 131,00 »

Logo, cada kilogramma pagaria 13,1 réis.

---

[1] No seu tempo ainda se não pagavam 2 por cento. Pagam-se ha dois ou tres mezes. Fixou-se-lhe o maximo até 2 por cento.

Conforme a proposta n.º 4 do actual sr. ministro da fazenda (relatorio etc., pag. 66, artigo 3.º), é abolido o imposto addicional de 2 por cento *ad valorem*, o de 6 por cento, o de 3 por cento e o de 2 por cento para as obras do porto de Lisboa e Leixões, elevando-se os direitos de importação do trigo a 13,5 réis por cada kilogramma de trigo (pauta, pag. 70 do relatorio).

Logo, se a proposta da pauta do sr. Hintze Ribeiro onerava cada kilogramma com 13,1 réis, vê-se, desde já, que a pauta do sr. Marianno tão sómente eleva esse direito com 0,4 do real em cada kilogramma, pois 13,5 — 13,1 = 0,4.

Affirma, porém, o mesmo sr. ministro (pag. 31 do relatorio), que a taxa do trigo apenas soffre pelo arredondamento, uma elevação insignificante de 0,2 de real. Como obteve s. ex.ª este resultado?

Seria comparando a sua taxa com os direitos que paga o trigo pela pauta de 1885? Não póde ser; porque, tendo nós obtido que, por essa pauta, 10 kilogrammas de trigo pagam 124,68 réis, ou 12,46 réis o kilogramma, a differença para 135 réis, ou 13,5 réis o kilogramma (proposta do sr. ministro da fazenda) é de 10,32 réis, ou de 1 real e uma fracção (1,032) por cada kilogramma, e não de 0,2, como s. ex.ª affirma.

Seria, comparando a sua taxa com os 131 réis, que se obtem pelo calculo do sr. Hintze Ribeiro? Tambem não; porque a differença para 135 réis é de 4 réis em 10 kilogrammas, ou a de 0,4 do real por cada kilogramma.

Para encontrarmos a differença de 0,2 do real, apresentada pelo sr. Marianno de Carvalho, é necessario elevar a média do preço de 10 kilogrammas de trigo, unico elemento variavel n'esta operação, a 450 réis, o que não é verdadeiro, ou antes, é exageradissimo.

Seja, porém, como fôr, pela proposta do sr. ministro

da fazenda, tal era o estado da questão : cada kilogramma de trigo importado pagava um direito de 13,5 réis, e cada kilogramma de farinha 21 réis, ou, tomando uma unidade superior, cada 10 kilogrammas de trigo pagavam 135 réis, e cada 10 kilogrammas de farinha 210 réis.

Pelo artigo 6.° da sua proposta acaba egualmente o illustre ministro da fazenda, nas alfandegas de consumo de Lisboa, com o direito sobre os farinaceos, exceptuando fava e batatas. D'este modo supprime, em favor da agricultura dos cereaes, os 54 réis que pagavam cada 10 kilogrammas de trigo, ou melhor, os 540 réis que augmentavam o preço de cada 100 kilogrammas, quando á venda no mercado de Lisboa.

Era este o estado da questão, repetimos, quando a proposta da reforma das pautas foi á commissão de fazenda da camara dos senhores deputados, que elevou a 15 réis por kilogramma o direito do trigo, e a 22 réis o da farinha, *ficando o governo auctorisado até 31 de janeiro de 1888, a modificar o imposto do trigo e o da farinha, conforme as circumstancias, não podendo baixar de 13,5 réis por kilogramma a taxa d'aquelle, nem por caso algum augmentar a actual protecção dada á farinha.*

Antes de discutir a auctorisação que foi concedida ao sr. ministro da fazenda pela camara dos senhores deputados, discussão que julgo necessaria, porque ella dirá e aconselhará o procedimento futuro do governo, perguntarei :

Mas qual a base, ou antes, quaes os elementos de que se serviram a commissão e o sr. ministro da fazenda para estabelecerem esses direitos ?

O relatorio da commissão da camara dos senhores deputados não diz qual o fundamento d'aquelle quantitativo. O sr. ministro da fazenda tambem não refere quaes as razões que o demoveram a acceital-o. O que ahi no relatorio se explica é a razão porque se não estabeleceu um direito maior sobre o trigo estrangeiro; o que ahi se mostra é que tal imposto será inefficaz ao presente, pois que as moagens nacionaes não possuem os apparelhos convenientes para reduzir a farinha branca os trigos rijos do paiz. Assim, que seria inutil elevar o direito sobre o trigo estrangeiro, pois ainda n'este caso as fabricas de moagens, faltando-lhes o machinismo, não consumiriam o nosso trigo portuguez.

Mas então, perguntarei eu, para que elevar a 15 réis o direito sobre cada kilogramma de trigo estrangeiro, se elle, esse direito, não é protector da industria nacional?

Procedendo d'este modo o governo, a commissão e a camara não fizeram mais do que encarecer o pão; e certamente contra as suas proprias intenções e contra a vontade de todos.

E digo encarecer, porque, se o trigo portuguez não estabelece concorrencia; se as fabricas continuam a gastar para reduzir farinha, o trigo estrangeiro; como este agora paga mais do que pela antiga pauta de 1885, mais cara será a farinha, mais caro será o preço do pão. D'este modo se aggravou o que se queria remediar, pois que os proprietarios das fabricas de moagens continuam a consumir o trigo estrangeiro, com prejuizo do nacional que elles não podem moer.

Mas, sr. presidente, será isto verdade, será verdade que as fabricas não podem moer o nosso trigo rijo?

Vejamos. Tenho aqui uma carta de um dos principaes fabricantes de farinhas de Lisboa, o sr. José Antonio dos Reis, que diz o seguinte: «Tambem lhe devo observar que todas as fabricas têem apparelhos para moer trigos rijos, todos elles se consomem; os chamados lobeiros applicam-se para as massas, porque se reputam em geral por 10 a 15 por cento a mais do valor do trigo molle, e d'este é que é a maior producção; dos durazios, que servem para fazer farinha, tambem acham prompta venda quando os possuidores se querem sujeitar ao preço que elles valem, que é mais superior, porque se não póde pagar por mais o que vale menos. Esta é a verdade, e creia o meu amigo que muito se tem mentido a respeito dos trigos rijos, para armar ao effeito. Para o meu amigo ficar convencido se as fabricas estão ou não habilitadas a moer trigos rijos, basta asseverar-lhe que tem vindo uma boa porção de carregamentos da India com muitos milhares de kilogrammas de trigo rijo, e muito mais rijo do que o nosso, e cá se tem moido, e tem-se gasto a farinha d'elle· Parece-me que são bem eloquentes estes factos.»

Realmente, estes factos são eloquentes, e provam que os fabricantes têem, por confissão de um d'elles, machinas para moer trigos ainda mais rijos que os nossos, taes são os da India.

N'estas circumstancias, senhores, ou nós não havemos de dar credito ás informações dos fabricantes, por contradictorias, e então outras razões hão de influir em nosso espirito n'esta questão dos trigos, ou, preferindo e dando ouvidos á informação official, isto é, á da commissão de fazenda, havemos de concluir que a imposição de 15 réis em cada kilogramma é disposição que, sem favorecer o agricultor, conserva o monopolio dos fabricantes e será nociva ao consumidor.

Mas, accrescenta a commissão, se tal acontecer, ou melhor, se isso continuar, o governo desce o direito sobre as farinhas. Sim, mas logo que isso succeder, elles, os fabricantes, mandam vir as farinhas e desprezam ainda o trigo nacional.

E note-se que no mercado interno são elles que fazem o preço, porque não existe a concorrencia que poderia embaratecel-o.

Sr. presidente: a questão dos cereaes deve ser tratada de outro modo; acima das paixões particulares ou interesses de poucos fabricantes, escutando os queixumes e as miserias de uma grande parte do paiz.

Se a agricultura portugueza estivesse prospera e só soffressem os agricultores de cereaes, o estado podia usar de palliativos; mas não é assim. As circumstancias não o permittem. O governo não póde usar de palliativos. Vejamos.

II

Sr. presidente: em nossas provincias, debaixo de um céo encantador, que por igual veste de luz as coisas alegres ou as tristes, as da natureza e as do espirito, não póde esconder-se a miseria grande e a não somenos ignorancia. A quem entra em Lisboa, regressando da provincia, é que mais pungente se antolha a realidade!

Trazem-se os ouvidos cheios das conversas sobre as más colheitas, sobre o augmento dos impostos, sobre os salarios altos, sobre a molestia dos arvoredos e outras desgraças, por vezes aggravadas pela má administração de funccionarios que não executam a lei, ou a executam tarde e a más horas; trazem-se os ouvidos cheios das conversas sobre o errado proceder na hygiene das familias, sobre a viciada educação que ministram a seus filhos, a começar no povo até áquelles que têem algum remedio para viver; pois que lá todos querem servir nas cidades, na dependencia dos particulares ou do estado; e quem attenta em tudo isto, considerando no homem não apenas um eleitor, mas uma força, a maior de todas — pois ahi está a material e a intelligente, o musculo e a vontade que o move — e depois encontra a cidade de Lisboa com seus elegantes monumentos, a faina maritima do seu Tejo, o conforto de suas largas ruas, animadas, brilhantes de luzes, com suas paixões politicas e artisticas, espectaculos variados e sua grande solidariedade defensiva, que a manifesta nos seus magnificos estabelecimentos de previdencia e caridade, e outros economicos e de policia; quem compara o de onde chegou e a enorme capital onde está, em que o silvo da locomotiva responde ao *paquete* do Tejo, acudindo com o *álerta* da terra ao *álerta* do mar, grito da civilisação que, constante, responde á chamada: presente! Quem compara o de onde veio e o onde está, cuido eu, se o não demove apenas a superflua e ligeira apparencia das coisas, antes a reflexa comparação dos factos; cuido, chegará á comprehensão de que este é um estado anormal, que não constitue a boa hygiene civil e salutar de um povo. É então que lhe apparece um dever a cumprir: e é, se tem voz ou recursos para tanto, o de chamar a attenção dos poderes publicos e de todo o paiz para este estado de cousas.

Senhores, as provincias de Portugal soffrem, e muito, no momento em que estou fallando. Lá vereis o palacio solarengo a desmoronar-se, a cair, porque já ahi não vive a nobreza agricola, que as leis da desamortisação, os impostos crescentes e por ultimo a crise cerealifera, fizeram ruinas. Ao lado d'elle encontrareis aldeias, mas pobrissimas, de aspeito miseravel; e mais longe o casal solitario, onde é pessima a alimentação, grande a pallidez nos rostos da limitada familia, e onde falta o braço vigoroso da juventude, que a escassez da retribuição levou para os centros populosos, as cidades; ou a emigração para a America do Sul.

Ahi ouvireis contar da precaria situação dos agricultores ; e comtudo isto ireis compondo uma téla em claro-escuro, onde a figura principal, esfaimada, é a crise cerea-lifera. É um quadro triste, sombrio, de figuras descóradas, sérias, de melancolia immensa, quaes as da nossa antiga escóla gothica.

Em verdade, senhores, nunca entre nós as circumstancias da agricultura chegaram a este ponto, ao estado em que hoje a vemos.

O beneficio da agricultura vem-lhe das estações ; e todos sabem dos phenomenos meteorologicos que a sciencia cuida de investigar e que têem influido entre nós e em toda a Europa, transformando as estações do anno sempre desfavoraveis ao lavrador.

Todos sabem de como varias molestias, surgindo cada dia novas, destruiram plantações feraces e uteis. Afóra o Alemtejo, grande parte das vinhas têem sido atacadas do phylloxera.

Na primeira camara alguns deputados, n'esta alguns dignos pares, falando sobre o assumpto, para elle têem chamado a attenção do governo, pedindo, e com urgencia, postos de vigia com pessoal habilitado a fim de evitar, pelas competentes pesquizas e tratamento da molestia que o phylloxera devaste completamente o plantio de importantes regiões. O sr. ministro das obras publicas em parte já attendeu a esses pedidos, creando estações anti-phylloxericas em differentes pontos do paiz facilitando por preços modicos o sulfureto de carbone. Mas as circumstancias da industria vinicola são para alarmar ; pois, não tendo os nossos governos dado a devida e merecida protecção aos cereaes, o capital agricola tem-se empregado todo no plantio dos bacellos.

É isto hoje um facto saliente em todas as provincias de Portugal, e até mesmo em grande parte do Alemtejo, ónde, no dizer de A. Herculano, «a charneca vae fugindo para o horisonte.» É um facto que merece a mais séria attenção, porque aquelle plantio que ultimamente muito augmentou tem feito rarear os matos, que são necessarios para os estrumes ; e, além d'isso, se o phylloxera o inutilisa, então virá a crise da industria vinicola accrescer á crise dos cereaes, e a ruina do agricultor será completa.

Já agora os castanheiros e outras arvores que davam seus fructos e lenha ao consumo vão progressivamente extinguindo-se. É nos mezes de julho e agosto de cada anno que a molestia se apresenta com maior força, lavrando a eito. Algumas folhas amarellecem, depois todas, e a arvore fica, em poucos dias, secca.

Não falarei da molestia das oliveiras, conhecida dos agricultores, e que elles combatem fazendo cedo a colheita e o esmagamento da azeitona ; e limpando as arvores do musgo e lichens, que lhes adherem da casca velha, fendida, e dos ramos mortos. Não falarei dos olivedos senão para dizer que o azeite, que muito interesse dava ao lavrador, tem diminuido de preço, em rasão da grande concorrencia do petroleo que é muito mais barato.

Além do quê, depois de 1870 não temos uma safra de azeite.

Outro ramo de industria, intimamente ligádo com a agricultura, qual é o da creação do gado, tende a declinar de modo assustador.

A Inglaterra era a primeira consumidora do nosso gado bovino ; mas, annos ha, sendo abastecida pela America, successivamente tem ido a diminuir a exportação do gado de Portugal, resultando d'ahi a excessiva diminuição de preço, e o desanimo dos creadores.

Certamente os novos direitos de importação sobre o azeite e os gados (vaccum e porcino), e o ser livre de di-

reitos a exportação do gado vaccum, virão melhorar este
estado de cousas. Mas as circumstancias do agricultor não
deixam por isso de ser precarias. Originadas da falta de
protecção, e sendo geraes a toda a agricultura, não se de-
bellam, que não seja por um conjuncto de medidas com-
binadas, e que, é de urgencia, acudam sem demora pela
nossa primeira e principal industria.

Sr. presidente, como já deu a hora de encerrar a sessão, eu peço a v. ex.ª que me reserve a palavra para
ámanhã.

Sessão de 9 de Agosto de 1887 : — Sr. presidente, hontem, em deferencia á camara, e para a não fatigar, como
o requeria a sua benevola attenção, em rapido esboço
ia-mos fazendo tomo das circumnstancias difficeis de nossos lavradores, a que os governos, mais hoje ou mais
ámanhã, hão de dar a consideração attenta que merecem;
e que, em parte, já teem merecido a este governo.

Continuando em meu proposito, visto que v. ex.ª me
concedeu a continuação da palavra, mais resumido vou ser
ainda.

A tudo o que hontem expuz, em traços breves, deve
acrescer a situação da nossa agricultura cerealifera.

Senhores, se, depois de largas fadigas e sacrificios, ob-
têem os lavradores algum resultado de seus esforços, aco-
dem ao mercado os trigos da America e da Asia, que pela
sua concorrencia lhe aniquilam todo o labor empregado.

Segundo o documento notavel, que acaba de publicar
o conselho superior das alfandegas, *Estatistica da navegação e commercio de Portugal,* nos ultimos cinco annos de
1881-1885, importámos do estrangeiro 31.324:000$00 réis
de farinaceos; exportámos 1.511:000$000 réis; isto é, a

differença em favor da importação foi de 29.813:000$000 rs.! N'esse lapso de tempo, o nosso trigo, segundo outro documento official, *a representação de 1 de maio de 1886 da real associação de agricultura portugueza,* o nosso trigo, repito, descia progressivamente no seu preço de venda.

Em 1882 vendia-se cada alqueire de trigo, (equivalendo o peso maximo de cada alqueire a 11 kilogrammas).

Por	611	réis
Em 1883	523	»
Em 1884	483	»
Em 1885	461	»

Nem admira que tal succedesse, porque, d'aquella enorme importação de farinaceos, nós consumiamos em 1885, 3.481:107$000 réis de trigos estrangeiros, e em 1886 4.270:000$000 réis !

N'estas circumstancias os trigos nacionaes não têem saida no mercado se não a preços que não compensam o *capital de exploração,* eis porque 35:000 hectares de terreno cerealifero, se transformou em vinha ; é esta a rasão porque os nossos lavradores e rendeiros recorrem, em avondo, ao credito : uns para satisfazer as suas rendas ; outros para o proseguimento nos futuros trabalhos do campo.

Eu conheço, sr. presidente, freguezias importantes dos differentes concelhos do Alemtejo, e nas quaes se exerce na maior escala a lavoura, que devem hoje aos estabelecimentos bancarios de Evora e mesmo aos de outras localidades, centenas de contos de réis ; quando é certo, ha cinco ou seis annos, a maioria dos agricultores d'essas freguezias nada deviam aos referidos estabelecimentos.

Se houvesse entre nós o credito agricola, e organisado

pelo teor dos *bancos de credito popular* da Allemanha e da Escossia, e como já o tentou realisar entre nós o sr. Andrade Corvo nas misericordias, estas circumstancias seriam minoradas. Porque, segundo a indole de taes bancos, a falta de pagamento da parte de um devedor, nem arrasta a decadencia do seu credito, nem, em geral, é nociva ao banco, porque a falha d'esse devedor divide-se por todos os associados.

Mas, como todos sabem, não temos uma instituição d'este genero. Só existem bancos commerciaes, cada vez maiores na exigencia de garantias, que o lavrador não póde prestar. Ainda se lhes acceitassem os trigos em ser! Mas a que preços? E qual o banco que isto acceitaria? Não conhecemos.

É por tudo isto, senhores, porque os productos da cultura não compensam as despezas da lavoura, que os braços emigram dos campos para as cidades; dos campos para o Brazil. E os que ficam exigem salarios altos.

Esta elevação do preço dos braços não succede apenas ao sul do reino; é principalmente ao norte, e as folhas periodicas já incommodam, repetindo constante factos que em demasia conhecemos, e que parecem um badalar sinistro da desgraça publica.

Umas vezes contam de menores que a policia prendeu, ao fugirem para o Brazil com passaportes falsos; outras apresentam a cifra augmentada, incessante da emigração e portugueza. Agora falam das execuções e acções judiciaes, promovidas contra pequenos proprietarios, devedores insoluveis; logo annunciam a venda de um numero excessivo de propriedades, annuncios que se repetem, porque nenhuma d'ellas obtem comprador, salvo por diminuto preço!

São estas as circumstancias; e continuam, porque assim o affirmam os dados estatisticos, fornecidos já este anno pelas competentes repartições officiaes. São os seguintes:

Nos quatro primeiros mezes de 1886 a
importação foi de . . . . 11.507:654$000
Em periodo analogo do corrente anno de
1887 . . . . 12.325:578$000
Logo, augmentou n'este ultimo periodo . . 817:924$000

A que attribuir este augmento?

Este accrescimo póde e deve attribuir-se ao da importação dos trigos estrangeiros; porque a nossa importação de trigos elevou-se n'aquelles quatro mezes de 1887 a 45:915 toneladas, representando um valor de réis 1.589:000$000. Em 1886 foi de 32:090 toneladas, correspondendo ao valor de 1.101:000$000 réis. Como a differença entre estes dois valores é de 488:000$000 réis, vê-se que mais de metade d'aquelles 817:924$000 réis foi resultante da importação dos trigos.

Ora, tendo o paiz importado, como já dissemos, réis 4.270:000$000 de cereaes em 1886, se aquelles réis 1.589:000$000 se repetissem tres vezes, ou em cada periodo de quatro mezes 1.589:000$000 réis, teriamos no fim do anno importado 4.767:000$000 réis de cereaes, ou, mais do que em 1886, 497:000$000 réis.

E é o que virá a succeder, visto que as moagens já revelaram que não podem moer os trigos nacionaes!

Agora, confrontando igualmente a exportação nos mesmos quatro mezes, n'aquelles dois annos, no primeiro periodo de
1886, foi de. . . . . 9.126:938$000
E no de 1887 . . . . 7.518:377$000
Para menos em 1887 . . . . 1.608:561$000

Assim, em quatro mezes cresceu a importação réis 817:924$000.

Decresceu a exportação 1.608.561$000 réis !

Não commento.

Ao passo que isto succede, em Portugal 5.000:000 de hectares de terreno ficam sem cultura ; isto é, mais de metade de toda a superficie do paiz ! [1]

Cerca de 35:000 hectares de terra cerealifera transformaram-n'a em vinha !

Nos ultimos dez annos (1875 a 1884) emigraram para o Brazil 142:941 portuguezes ! A emigração média, a declarada n'aquella decada, foi de 14:294 habitantes annualmente. [2]

E todos os dias a emigração augmenta. Aqui só nos referimos á que conhecemos pela estatistica official. Não contamos os que saem do paiz munidos de passaportes falsos. As prisões ultimamente effectuadas a bordo dos vapores da carreira do Brazil, e n'aquellas circumstancias, affirmám existir uma outra emigração, que não póde chamar-se clandestina, pois que são conhecidos os seus agentes, que estabeleceram para a sua lucrativa industria uma engenhosa rede administrativa.

Já vê v. ex.ª que o que acabamos de dizer não vem do estado sentimental do nosso espirito, nem dos vôos de uma imaginação phantasiosa.

Os governos conhecem tudo isto. Eu creio que todos se recordam ainda das innumeras commissões que os ultimos governos têem nomeado para estudar a questão *economico-agricola* do paiz. Nomearam-nas para estudar a

---

[1] Veja-se o relatorio ácerca da arborisação geral do paiz, de 1868.
[2] Veja-se Oliveira Martins, *Projecto de fomento rural*, pag. 37.

questão dos arrozaes, a molestia dos castanheiros, a das laranjeiras, a das videiras, a colonisação, a emigração e a analyse dos vinhos (em 1864). Emfim, parochos, administradores, funccionarios dos governos civis, meros lavradores, todos têem sido mais ou menos interrogados pelos questionarios distribuidos em Portugal, sobre taes assumptos, mais de uma vez. Uma das ultimas foi em 1868. E todos estarão ainda lembrados da commissão do inquerito agricola nomeada por decreto de 10 de julho de 1879, e que foi dividida em cinco grandes secções.

Além de poucos relatorios, uns publicados, outros manuscriptos, eu não sei que essas commissões dessem resultados. Affirmam, porém, ellas pela sua nomeação que os governos tinham conhecimento da grave doença, que affligia a agricultura portugueza.

E, quando não bastassem para o dizer essas commissões, com que os governos entre nós entendem consolar a opinião publica, ahi abundavam as reclamações constantes e altisonantes de municipios e associações a estenderem os braços implorativos ao governo.

Em 1885, nos primeiros mezes multiplicaram-se as representações, que os lavradores de differentes localidades dirigiram á camara de seus representantes, queixando-se da concorrencia dos cereaes estrangeiros que os affrontava e arruinava.

Acudiram logo as camaras dos municipios, pedindo e representando ao parlamento que se augmentasse o direito sobre os cereaes.

Depois das camaras, vieram as associações de agricultura: — uma, a de Lisboa, a *real associação de agricultura portugueza*, pediu 19 réis em cada kilogramma de trigo estrangeiro, em 1 de maio de 1886; — a outra, a *sociedade agricola de Santarem*, pedindo igualmente que se augmentasse o direito de importação sobre o trigo; até aconselhava ao Rei, a 10 de maio de 1886, que se creasse o novo ministerio de agricultura. Outras associações, creadas adrede para defender a causa do agricultor, imitaram aquelle exemplo.

Assim, ao norte do paiz creou-se uma sociedade cooperativa de consumo e de credito, — *a liga dos lavradores do Douro*, cujos estatutos foram publicados na folha official a 18 de julho do corrente anno; e em muitas outras partes crearam-se centros agricolas.

Nem lhes faltaram, para mantel-as firmes na estacada, os orgãos da opinião publica : as folhas da imprensa periodica. Pediram que se augmentasse o imposto de cereaes : o *Commercio de Portugal*, a *Provincia*, o *Conimbricense*, o *Campeão das Provincias*, a *Gazeta dos Lavradores*, a *Semana*, a *Epocha*, a *Folha do Povo*, e todos os jornaes dos districtos alemtejanos.

De todos estes jornaes, o de maior dianteira na democracia : — a *Folha do Povo*, em nome dos proletarios, em todo o anno de 1886, defendeu o augmento do imposto sobre o trigo ; o mais independente o *Conimbricense*, (em seu numero de 11 de junho de 1887) pediu um congresso de todos os lavradores em Lisboa para formarem uma vasta associação que tivesse o seu orgão na imprensa : — um jornal ; o seu orgão na politica : — um partido ; e o seu orgão na administração publica :—um governo. Só d'est'arte julgava garantidos os interesses nacionaes.

Sr. presidente, vou terminar.

Tendo demonstrado que o paiz soffre em sua agricultura uma crise aguda, é evidente que taes circumstancias são por igual uma crise de subsistencias ; e portanto, que lhe não podem ser indifferentes os poderes publicos, os quaes têem de intervir com a força collectiva. Protegendo o estado o trabalho nacional, não póde deixar de proteger a primeira manifestação d'esse trabalho : — a agricultura.

Ora, n'estes termos, pergunto : — que meios empregou ou tenciona empregar o governo? Esses meios, ou antes, medidas de iniciativa governamental já são conhecidas. O governo publicou o seu decreto de 4 de junho de 1886 relativamente aos cereaes nos districtos insulares ; o sr. ministro das obras publicas já decretou a creação de escólas praticas de horticultura, viticultura e pomologia; e, em algumas regiões agronomicas, já estabeleceu as estações chimico-agricolas ; creou, em abril do anno findo, uma commissão de inquerito a qual nomeou duzentas e sessenta e oito commissões concelhias, oito commissarios regionaes para superintenderem os trabalhos nas oito regiões agricolas do paiz, e uma commissão central de cinco membros em Lisboa.

Mais : na reforma das pautas o sr. ministro da fazenda acceitou a elevação de direitos sobre o gado vaccum, suino, e sobre o azeite; e, além de outras medidas de menos importancia, taxa em 15 réis cada kilogramma de trigo estrangeiro, e em 22 réis cada kilogramma de farinha.

Eis resumidamente o que o governo tem feito. Tudo o que é, com verdade, de importancia, ou começo do acordar.

Mas, sr. presidente, taes medidas serão o bastante?

Occupando-me agora tão sómente da pauta, direi : O pequeno accrescimo de direitos sobre o trigo e farinhas de proveniencia estranha, não me parece, só de per si sufficiente para satisfazer a tantas reclamações que téem subido ao parlamento.

As medidas actuaes levam-nos ao seguinte dilemma : tendo ellas sido approvadas, as padarias ou elevam o preço do pão, ou não.

No primeiro caso o preço do pão é desde agora elevado; soffre o consumidor, não lucra a agricultura; no segundo não lucra a agricultura, e depois de 31 de janeiro soffre o consumidor.

A auctorisação concedida ao governo é apenas até 31 de janeiro. Até lá as moagens não augmentam o preço das farinhas; os padeiros não augmentam o preço do pão; mas, caducando ella, livres de receios os farinadores e manipuladores das farinhas attenderão tão sómente os seus interesses, augmentando aquelle preço.

Então, subirá, repetimos, o preço do pão, sem vantagem para o agricultor, com prejuizo do consumidor.

Quer augmente, quer não, quem lucra é sómente o governo que recebe o imposto que elevou e que já foi orçado em seus 300:000$000 réis.

Ainda que, na primeira hypothese, venham dizer-nos que desce o direito das farinhas, ainda assim não lucra o agricultor, pois que o fabricante se converte em mercador de farinhas desprezando os trigos nacionaes. Então reviverá novamente a questão dos trigos.

D'este modo, o meio proposto pelo sr. ministro da fazenda parece-nos insufficiente; e apenas adiou a questão.

Na camara popular alguns deputados assim o entenderam; pois, falando sobre o assumpto, declararam que mais se alargariam, quando em fevereiro voltasse a questão dos cereaes.

Sr. presidente, eu não desejaria o adiamento da questão; porque tambem não são de adiar as circumstancias precarias em que se encontram os lavradores. E tanto assim é que, mesmo durante a discussão na camara popular, subiram ao parlamento novas representações dos municipios, pedindo a elevação do direito sobre os trigos. Signal de que as circumstancias não melhoraram.

Sr. presidente, eu devo declarar á camara, que sou pelo augmento do direito sobre os cereaes; e que votaria com a maior satisfação a proposta de lei que onerasse com um direito elevado os trigos estrangeiros. E estou certo de que o governo ainda ha de chegar a essa medida.

Não obstante, eu votarei a proposta actual logo que a auctorisação concedida ao sr. ministro da fazenda seja acompanhada da clausula affirmativa, da parte de s. ex.ª, de que o governo usará d'essa auctorisação, creando, e desde agora, uma grande fabrica de moagens por conta do estado para os trigos rijos nacionaes, destinados ao consumo do exercito e da armada.

A fabrica de moagens por conta do estado é de urgencia: 1.º, porque dá saída aos trigos portuguezes; 2.º, porque, emquanto a mim, é um meio pratico de convencer a opinião publica de que com os trigos nacionaes se póde obter pão, analogo ao melhor que hoje se vende, fabricado com as farinhas estrangeiras, e sem ser por um preço superior. Logo que a experiencia se faça, o governo poderá e deverá augmentar o imposto sobre os trigos e farinhas estrangeiras, necessidade esta, que ha de impôr-se-lhe, como mostrarei; 3.º, porque a fabrica de moagens por conta do estado tambem concorrerá para economisar, e muito, na padaria militar. Hoje é na fabrica de moagens de Santa Iria que se moem os trigos para a padaria militar ao preço de 3,5 réis por cada kilogramma de trigo.

O que é uma despeza enorme!

E para aqui eu chamo a attenção do governo, para que se não dê o abuso que se está dando. A padaria militar foi estabelecida, tendo em vista consumir n'ella unicamente os trigos nacionaes; e assim devia ser.

Actualmente, porém, compram-se cada mez 100:000 kilogrammas de farinha americana para o pão dos officiaes inferiores, e outras praças do exercito que têem direito a essa ração de pão. Nos ultimos seis mezes importou essa farinha em 43:947$500 réis, ou approximadamente réis 44:000$000!

Isto é, a média da despeza mensal com farinhas estrangeiras é de sete contos trezentos e tantos mil réis!

Isto na padaria do estado!

Para taes circumstancias eu chamo a attenção do governo; e chamaria especialmente a do sr. ministro da guerra, se elle estivesse presente; pois havia de attender-me, pelo zelo que s. ex.ª sempre tem manifestado pelas coisas publicas.

Continúo reatando o fio das idéas.

Quando se dá uma crise, e das proporções da nossa, não póde intervir o estado sómente como interviria um *syndicato* ou *companhia,* isto é, pelo teor e com os recursos de uma associação. Tem de intervir com a força collectiva da nação. É isto o que acontece sempre em uma grave crise de guerra, de inundações, ou mesmo de *peste,* como diriam os nossos antigos. Então, todos se cotisam e prestam soccorro com a grande solidariedade defensiva social. N'isto consiste a sociedade, a sua força, a sua existencia. A demonstração seria inutil em congresso tão illustrado. E lembremo-nos de que, se em começo parece que a interferencia do estado é nociva, logo se vem a conhecer, pelas leis naturaes que regem as coisas, que o mal é temporario, e cessa.

Eis, porque, o meu expediente em taes circumstancias seria a elevação do imposto sobre os cereaes, e por igual o das farinhas.

Em politica, ou economicamente, todos sabem as condições das sociedades modernas são identicas. Um facto, o modo de proceder de uma das nações da Europa, não podem deixar de ser o modo de vida da outra; e por mais pequena que ella seja. Assim tem acontecido politicamente, e até no dominio religioso.

Ora as circumstancias especiaes da America obrigaram as nações da Europa a um certo regimen pautal para com aquelle paiz na questão dos cereaes. Nós, a não querermos ser victimas voluntarias da sua enorme producção cerealifera, temos por força de seguir igual rota.

Acreditae-me, senhores, eu não estou aqui a defender os interesses da grande propriedade. Como sabeis, a partilha forçada dos bens, isto é, o systema das legitimas, o acabamento dos vinculos, o das corporações de mão morta, lançou na circulação o capital—a terra; e hoje a propriedade está enormemente dividida. Assim, defender a producção dos cereaes em o nosso paiz é defender a causa da pequena propriedade, é defender a causa da democracia.

E vêl-o-heis pelas breves reflexões que submetto ao vosso esclarecido exame. Sobre esta questão não têem faltado os estudos, inqueritos, leis prohibitivas, discussões parlamentares; e, senhores, todo esse borborinho de idéas veiu condensar-se n'uma grande verdade:—a Europa não póde luctar com a America na producção dos cereaes. Facilitando-lhe a entrada, ha de soffrer as consequencias de uma grave crise economica.

Notem, os dignos pares, que é isto o que está succedendo na livre Inglaterra; onde, logo depois da lei de Roberto Peel, emigraram 400:000 familias de pequenos proprietarios; e onde hoje o sr. Chamberlain, que foi ministro do ultimo gabinete Gladstone, diz o seguinte: «Quasi por toda a parte, na Inglaterra e na Escocia, o mester de cultivador conduz á ruina; o capital dos rendeiros tem diminuido ou desapparecido completamente; os rendeiros de nossas herdades já não podem obter dinheiro para pagar aos seus operarios; no espaço dos ultimos quinze annos eleva-se a 800:000 o numero das pessoas empregadas na agricultura, que a têem abandonado; pelo quê, os productos agricolas diminuem constantemente, os operarios veem em multidão para as cidades augmentar a concorrencia, fazer baixar a taxa dos salarios, engrossando a população urbana; é assim que o alojamento se torna impossivel sob o ponto de vista da decencia e da saude publica.»

Não será isto, sr. presidente, o que succede em Portugal, onde emigraram 142:941 portuguezes nos ultimos dez annos (no anno de 1884 17:500; com a emigração clandestina 25:000); e onde, principalmente em Lisboa, crescem todos os dias, em avondo, os braços da provincia; e onde, em trigos estrangeiros, gastámos em 1886 réis 4.270:000$000?!

Assim, vê-se que á nossa actual situação são de applicar, e para regra de conducta, as phrases do illustre Chamberlain.

Quando tal auctoridade não fosse bastante, poderiamos reforçal-a com a opinião do sr. Patter, *presidente dos syndicatos operarios de Londres;* mas para que?

Qualquer auctoridade que aqui houvessemos de trazer ao parlamento não tem mais valor do que os factos e acontecimentos, que se estão offerecendo ao nosso exame.

O primeiro, que mais avulta, e que mereceu toda a consideração ao *chanceller de ferro,* a Bismark, e ao governo da republica franceza, é esse grande facto que se chama: — America.

É esse paiz, que exporta annualmente para a Europa 16.000:000 de quintaes de farinhas, e que, de uma producção de 117.000:000 de quintaes de trigo, durante sete annos, exporta n'esse praso 33.000:000. É este facto que apavora os animos; e com fundamento, porque todos os dias elle avoluma em proporções:

1.º Semeando de trigo, e de cada vez mais, maiores extensões de terras. Ha propriedades na America de 340:000 hectares de terreno;

2.º Empregando machinismos poderosos, que em poucos dias fazem o trabalho de centenas de operarios; isto é, empregando os sementeiros, os sachadores, os extirpadores e as ceifadoras e debulhadoras mechanicas, a que chamam *labor saving machineis;*

3.º Empregando na mais larga escala os adubos chimicos. O escriptorio estatistico de Washington diz-nos que em 1882 a importação de adubos elevou-se a 24.087:619 francos (4.335:000$000 réis.)

Em França, n'aquelle mesmo anno, não chegou a 352:000 francos!

E este facto, senhores, e este grande povo certamente que merece toda a attenção da parte do legislador; porque a immensa producção, que vem da sua enorme actividade, não é para ser consumida pelos seus 55.000:000 de habitantes, e sim para a exportação para facilitar a qual todos os dias constroe novos caminhos de ferro. Assim, ha tres annos construiu o *North-Pacific,* que liga S. Francisco a New-York (o oceano Pacifico ao Atlantico.) No anno preterito o *Canadian-Pacifc,* que communica o Manitoba e o paiz da Ribeira Vermelha com Montreal e o Canadá (a região central fertilissima dos grandes rios e lagos) directamente com o mar Atlantico. Estas as duas ultimas linhas; porque em dez annos os Estados-Unidos construiram 214:000 kilometros de vias ferreas.

Aquellas duas ultimas, o caminho de ferro do *North Stern* e o *Canadian-Pacifc,* dão serventia e lançam nas costas para o mercado da Europa a producção cerealifera, exuberante, de terras que o homem cultiva agora pela primeira vez. Imagine-se cortado o isthmo do Panamá, e logo os trigos, que saem da California e vão ao golpho do Mexico, e os trigos do Chili que veem á Europa pelo cabo Horn, logo, digo, hão de abandonar esse roteiro, vindo directamente pelo canal.

Chegarão á Europa em menos de quinze dias, e com grande diminuição nos fretes.

Quando tal succeder, e não será tarde, esses trigos encontrarão o nosso syndicato de moagens que conservará o preço actual do pão; e, fazendo enormes lucros, arruinará por completo a cultura do trigo nacional.

Note v. ex.ª e note a camara que isto não são phantasmagorias.

Desde 1880 que têem diminuido os fretes dos trigos da America; pois entre nós esse facto não fez impressão no mercado da nossa principal subsistencia : o pão continuou a ser vendido pelo mesmo preço. Continuou a vender-se pelo mesmo preço; mas succedeu porém, um facto, que logo indicou que alguma cousa deveria dar-se que embaratecesse o trigo americano; o nosso começou logo a diminuir de preço. Não encontrando venda no mercado, não tendo procura, (como já mostrei, dando os preços, sempre a decrescer, d'esses trigos) baixou o seu valor.

Que baixassem os fretes depois de 1880, não sou eu que o digo, dil-o o ministro da agricultura em França na exposição que fez ao parlamento sobre a questão dos cereaes :

«Antes de 1880, diz elle, o trigo, que vinha de Nova-York, Philadelphia, Baltimore, para os differentes portos francezes, pagava de frete por cada 100 kilogrammas 3 francos e 75 centimos; em 1885, dos mesmos portos, 2 francos e 25 centimos.

«Da Australia, o frete que valia termo médio, em 1880, 7 francos; desceu em 1885 a 4 francos e 25 centimos.

«Das Indias, o frete que valia 5 francos em 1880, desce a 2 francos e 25 centim s em 1885.

«Da Russia e do Danubio, o frete que valia 4 francos, desceu a 1 franco e 50 centimos. »

Entre nós não podia deixar de succeder o mesmo facto, que foi geral, e de que beneficiaram os srs. contratadores de farinhas americanas. Eu já quiz, por meios differentes, colher informações fidedignas sobre os fretes que pagavam os importadores de trigos estrangeiros. Pois sabe v. ex.ª o que me succedeu?

Foi ficar sabendo que os trigos americanos saíam em Lisboa muito mais caro que os trigos nacionaes!

Foi verdade. Vou ler a informação que obtive, e farei o calculo tomando a unidade 10 kilogrammas e a unidade alqueire, consoante fez a informação.

Resa assim:

Custo, frete e seguro de 10 kilogrammas de trigo americano, posto em Lisboa, 350 réis.

Custo, frete e seguro de 11 kilogrammas (e uma fracção) do mesmo trigo americano, correspondente ao alqueire de Lisboa, 385 réis.

Armazenagem e direitos, em 10 kilogrammas, 185 réis.

Em 11 kilogrammas ou alqueire, 205 réis.

Assim, preço total de 10 kilogrammas de trigo estrangeiro em Lisboa, 350+185=535.

Preço do alqueire 385+205=590.

Assim, o alqueire de trigo custa ao farinador, segundo a sua confissão, 590 réis.

Ora, vendo nós, em 23 de julho d'este anno, os preços correntes do nosso mercado, encontramos o seguinte:

Trigo nacional, rijo lobeiro............ 530 a 550 réis
Trigo nacional, rijo regular........'.... 480 a 520 »
Trigo nacional, durasio.............. 490 a 530 »
Trigo nacional, ribeiro fino........... 500 a 530 »
Trigo nacional, ribeiro regular........ 480 a 500 »
Trigo nacional, temporão............ 460 a 480 »

Do nosso trigo, o mais caro vendia-se a 530. A média d'estes preços era 518 réis.

Os srs. farinadores queriam comprar o trigo a 590 réis, e não o queriam a 518 réis!

Dizem que S. Agostinho acreditava, porque era absurdo — *quod absurdum credo*. Eu não ; e maxime, quando, aceitando um tal absurdo, eu iria escarnecer a miseria publica.

Senhores, o tempo foge rapido. Eu concluo.

A fim de que o nosso credito se mantenha, é mister que o pagamento dos juros da divida publica seja feito com pontualidade; e para esse encargo uma das principaes fontes da receita é a agricultura.

Prosperando, facil satisfarão os lavradores os impostos devidos ; mas, ao inverso, se continuar em decadencia, o pagamento das contribuições ir-se-ha difficultando. cada vez mais, até que cesse de todo, vendo-se obrigados os proprietarios a deixar que lhes penhorem os predios.

É o que poderá vir a succeder. Conclui.

Vozes: — Muito bem.

(*O orador foi muito comprimentado pelos dignos pares de ambos os lados da camara.*)

INDICE

CPSIA information can be obtained
at www.ICGtesting.com
Printed in the USA
BVHW04*1346180918
527831BV00012B/752/P